V&R

PSYCHODYNAMIK **Kompakt**

Herausgegeben von
Franz Resch und Inge Seiffge-Krenke

Jürgen Körner

Die Psychodynamik von Übertragung und Gegenübertragung

Vandenhoeck & Ruprecht

Bibliografische Information der Deutschen Nationalbibliothek

Die Deutsche Nationalbibliothek verzeichnet diese Publikation in der Deutschen Nationalbibliografie; detaillierte bibliografische Daten sind im Internet über http://dnb.d-nb.de abrufbar.

ISBN 978-3-525-40609-0

Weitere Ausgaben und Online-Angebote sind erhältlich unter: www.v-r.de

Umschlagabbildung: Paul Klee, Waldhexen, 1938/akg-images

© 2018, Vandenhoeck & Ruprecht GmbH & Co. KG,
Theaterstraße 13, D-37073 Göttingen /
Vandenhoeck & Ruprecht LLC, Bristol, CT, U.S.A.
www.v-r.de
Alle Rechte vorbehalten. Das Werk und seine Teile sind urheberrechtlich geschützt. Jede Verwertung in anderen als den gesetzlich zugelassenen Fällen bedarf der vorherigen schriftlichen Einwilligung des Verlages.
Printed in Germany.

Satz: SchwabScantechnik, Göttingen
Druck und Bindung: Beltz Grafische Betriebe GmbH, Bad Langensalza

E-Mail: info@v-r.de

Inhalt

Vorwort zur Reihe 7

Vorwort zum Band 9

1 Vorbemerkungen 11

2 Geschichte der Übertragungs- und
  Gegenübertragungskonzepte 13

3 Die psychoanalytische Situation und die
  »Entfesselung« der Übertragung 23

4 Erscheinungsformen der Übertragungsanalyse 38
  4.1 Voraussetzungen und Rahmenbedingungen 38
  4.2 Widerstände 43
  4.3 Die Übertragungsliebe 48

5 Methoden der Übertragungsanalyse 52
  5.1 Arbeit an der Übertragung, Arbeit in der Übertragung ... 52
  5.2 Was wirkt? 54
  5.3 Die Vorleistungen des Analytikers 59
  5.4 Krisen und ihre Bewältigung 61

6 Was bleibt? 68

Literatur 75

Vorwort zur Reihe

Zielsetzung von PSYCHODYNAMIK KOMPAKT ist es, alle psychotherapeutisch Interessierten, die in verschiedenen Settings mit unterschiedlichen Klientengruppen arbeiten, zu aktuellen und wichtigen Fragestellungen anzusprechen. Die Reihe soll Diskussionsgrundlagen liefern, den Forschungsstand aufarbeiten, Therapieerfahrungen vermitteln und neue Konzepte vorstellen: theoretisch fundiert, kurz, bündig und praxistauglich.

Die Psychoanalyse hat nicht nur historisch beeindruckende Modellvorstellungen für das Verständnis und die psychotherapeutische Behandlung von Patienten hervorgebracht. In den letzten Jahren sind neue Entwicklungen hinzugekommen, die klassische Konzepte erweitern, ergänzen und für den therapeutischen Alltag fruchtbar machen. Psychodynamisch denken und handeln ist mehr und mehr in verschiedensten Berufsfeldern gefordert, nicht nur in den klassischen psychotherapeutischen Angeboten. Mit einer schlanken Handreichung von 70 bis 80 Seiten je Band kann sich der Leser schnell und kompetent zu den unterschiedlichen Themen auf den Stand bringen.

Themenschwerpunkte sind unter anderem:
- *Kernbegriffe und Konzepte* wie zum Beispiel therapeutische Haltung und therapeutische Beziehung, Widerstand und Abwehr, Interventionsformen, Arbeitsbündnis, Übertragung und Gegenübertragung, Trauma, Mitgefühl und Achtsamkeit, Autonomie und Selbstbestimmung, Bindung.
- *Neuere und integrative Konzepte und Behandlungsansätze* wie zum Beispiel Übertragungsfokussierte Psychotherapie, Schematherapie, Mentalisierungsbasierte Therapie, Traumatherapie, internet-

basierte Therapie, Psychotherapie und Pharmakotherapie, Verhaltenstherapie und psychodynamische Ansätze.
- *Störungsbezogene Behandlungsansätze* wie zum Beispiel Dissoziation und Traumatisierung, Persönlichkeitsstörungen, Essstörungen, Borderline-Störungen bei Männern, autistische Störungen, ADHS bei Frauen.
- *Lösungen für Problemsituationen in Behandlungen* wie zum Beispiel bei Beginn und Ende der Therapie, suizidalen Gefährdungen, Schweigen, Verweigern, Agieren, Therapieabbrüchen; Kunst als therapeutisches Medium, Symbolisierung und Kreativität, Umgang mit Grenzen.
- *Arbeitsfelder jenseits klassischer Settings* wie zum Beispiel Supervision, psychodynamische Beratung, Arbeit mit Geflüchteten und Migranten, Psychotherapie im Alter, die Arbeit mit Angehörigen, Eltern, Familien, Gruppen, Eltern-Säuglings-Kleinkind-Psychotherapie.
- *Berufsbild, Effektivität, Evaluation* wie zum Beispiel zentrale Wirkprinzipien psychodynamischer Therapie, psychotherapeutische Identität, Psychotherapieforschung.

Alle Themen werden von ausgewiesenen Expertinnen und Experten bearbeitet. Die Bände enthalten Fallbeispiele und konkrete Umsetzungen für psychodynamisches Arbeiten. Ziel ist es, auch jenseits des therapeutischen Schulendenkens psychodynamische Konzepte verstehbar zu machen, deren Wirkprinzipien und Praxisfelder aufzuzeigen und damit für alle Therapeutinnen und Therapeuten eine gemeinsame Verständnisgrundlage zu schaffen, die den Dialog befördern kann.

Franz Resch und Inge Seiffge-Krenke

Vorwort zum Band

Die Geschichte der Psychoanalyse ist eng mit den Phänomenen der Übertragung und Gegenübertragung verknüpft. Als psychodynamische Methoden haben sie sich erst mit den Jahren herauskristallisiert und wurden in ihrer Vielfalt und unterschiedlichen Ausdrucksgestalt immer wieder in neue Formulierungen gegossen. Sahen sich die Psychoanalytiker der ersten Generation noch überrascht den intensiven Beziehungsphantasien ihrer Patienten ausgesetzt – fiel auch das frühe Übertragungskonzept defensiv aus und Übertragung wurde als »Fehlwahrnehmung« apostrophiert. Heute geht man davon aus, dass die Übertragung sich nicht grundsätzlich von Beziehungsentwürfen des Alltags unterscheidet. Aber der Rahmen der psychoanalytischen Situation erlaubt es, die echten Gefühle und ernsthaften Beziehungsphantasien in den therapeutischen Dialog einzubringen, ohne »aus dem Rahmen zu fallen«. So kommt es, dass man in allen Varianten von psychodynamischen Therapien »in« der Übertragung arbeitet.

Jürgen Körner führt uns in seinem Buch nicht nur durch die Geschichte der Übertragungs- und Gegenübertragungskonzepte, er leistet auch intensive Beiträge zu den Erscheinungsformen der Übertragungsanalyse, wenn wir als Therapeutinnen und Therapeuten versuchen, in der hermeneutischen Methode des Suchens nach latenten Bedeutungen den Dialog mit den Patienten in seiner Vieldeutigkeit fassbar zu machen, und auszuhalten lernen, von diesen Patienten auch im Therapiekontext »verwendet« zu werden. Das unterscheidet die Therapiesituation wesentlich vom Alltag, in dem wir ja danach streben, die Kommunikation möglichst einhellig zu gestalten. Der Autor spricht von der Übertragung als einer »entfesselten Alltagsbeziehung«. Eine Abgrenzung von Übertragung und Übertragungsneurose wird dabei kaum gelingen, und die Neurose erscheint dann als eine besonders intensive Übertragung.

Die Arbeit »an« der Übertragung braucht stabile Voraussetzungen und Rahmenbedingungen. Diese Voraussetzungen müssen beide Dialogpartner mitbringen. Übertragungswiderstände werden deutlich gemacht, erläutert und in ihren Varianten ausführlich dargestellt. Auch Gegenübertragungswiderstände sind zu erkennen und zu benennen. Ein eigenes Kapitel wird der Übertragungsliebe gewidmet.

Die Erörterung der Methoden der Übertragungsanalyse greift auch die Frage auf, was denn in der Therapie wirken könnte. Vorleistungen des Analytikers, der Analytikerin werden an schlüssigen Fallbeispielen deutlich gemacht. Die Krisen und ihre Bewältigung werden im Kontext neuerer Literatur diskutiert. Die Schlussfolgerungen des Autors führen aus der Illusion heraus, die Übertragung müsse sich am Ende einer Therapie aufgelöst haben. Vielmehr integriert der Patient, die Patientin die im therapeutischen Prozess lebendig gewordenen Beziehungsphantasien in ein neues, erweitertes Selbst- und Beziehungskonzept.

Ein erfrischendes, gut geschriebenes Buch, das wichtige Beiträge zur Diskussion über Übertragungs- und Gegenübertragungsphänomene leistet und für Therapeutinnen und Therapeuten im Alltag sehr wertvolle Hilfen anbietet. Der Autor ist sehr präsent, und man spürt, dass hier eine jahrelange konzeptuelle Beschäftigung vorausgegangen ist. Auch das feinsinnige Gespür und die Reflexion, mit der Situationen im Alltag und in der Therapie beleuchtet werden, ist sehr beeindruckend und wird bei vielen Leserinnen und Lesern auf Resonanz stoßen.

Inge Seiffge-Krenke und Franz Resch

1 Vorbemerkungen

Die Geschichte der psychodynamischen Methoden könnte auch als Geschichte ihrer Konzepte von der Übertragung und Gegenübertragung erzählt werden. Die Analytiker der ersten Generation um Sigmund Freud waren zunächst noch überrascht und auch etwas geängstigt angesichts der intensiven Beziehungsphantasien und -wünsche ihrer (überwiegend weiblichen) Patientinnen. Dementsprechend defensiv fiel das frühe Übertragungskonzept aus: Die Übertragung galt als »Fehlwahrnehmung«, die die Patientin, der Patient im Laufe der Therapie korrigieren sollte. Erleichtert konnte sich der Therapeut dann mit der Behauptung heraushalten, dass er ja mit der Übertragung, die so ungerufen gekommen war, nicht gemeint sei.

Er war aber gemeint. Und zwar nicht nur als Projektionsfläche für vielleicht infantile Phantasien des Patienten, sondern er wurde von seinem Patienten als aktiver Mitspieler zur Lösung innerer Konflikte einbezogen und verwendet. Mit dieser Vorstellung von der Übertragung als einer Verwendung wandelte sich auch das Konzept von der Gegenübertragung: von der »Spiegelplatte« der frühen Zeit zum »Messinstrument« Mitte des vorigen Jahrhunderts bis hin zur Auffassung von dem aktiven Beitrag des Analytikers in der Gestaltung der unvermeidlich konflikthaften therapeutischen Beziehung heute. Insbesondere in den modernen Konzepten einer relationalen oder intersubjektiven Psychoanalyse ist das Verständnis für die Mitwirkung des psychodynamischen Psychotherapeuten und seine zuweilen notwendige Vorleistung fortentwickelt worden. Damit trat die alte Vorstellung von der Übertragung als einem »Irrtum in der Zeit« ganz in den Hintergrund der Konzeptgeschichte.

Heute verstehen wir, dass sich die Übertragung nicht grundsätzlich von unseren Beziehungsentwürfen des Alltags unterscheidet. Denn auch diese sind von Phantasien geprägt, die allerdings zumeist unbewusst bleiben müssen, damit wir »nicht aus dem Rahmen fallen«. Hingegen ermutigt der Rahmen der psychoanalytischen Situation mit ihren besonderen Merkmalen der Abstinenz des Therapeuten und seiner neutralen und »triebfreundlichen« Haltung die Patientinnen und Patienten, sich frei zu machen von den im Alltag notwendigen und sinnvollen Einschränkungen des Erlebens. Insofern könnte man die Übertragung in der psychoanalytischen Situation als eine »entfesselte« Alltagsbeziehung verstehen – jedenfalls sind es echte Gefühle und ernsthafte Beziehungsphantasien, über die wir miteinander sprechen. Es ist kein Spiel, und wir tun auch nicht so, »als ob«.

In allen Varianten psychodynamischer Psychotherapie arbeiten wir »in« der Übertragung. Methodische Unterschiede zeigen sich darin, dass wir in kurz dauernden, niederfrequenten Verfahren dem Patienten helfen zu erkennen, wie er uns verwendet, etwa um früh erlebte Defizite zu bewältigen, während wir ihm in einer höherfrequenten, länger dauernden Therapie anbieten, innere Konflikte gemeinsam mit uns durchzuarbeiten und neue Beziehungsversuche zu erproben.

In jedem Fall aber endet eine gelungene psychodynamische Psychotherapie nicht damit, dass sich die Übertragung »auflöst«, sondern dass wirklich Neues entsteht: Zum Mindesten identifiziert sich der Patient mit der analytischen Funktion seines Psychotherapeuten, um sich auch ohne ihn in den Konflikten des Alltags zurechtzufinden. Intensivere Übertragungs- und Gegenübertragungsbeziehungen aber sollten es dem Patienten ermöglichen, sehr frühe Beziehungsphantasien und -wünsche wieder zu beleben und darin vom Analytiker, von der Analytikerin anerkannt zu werden. Dann kann, wie Michael Balint es formulierte, »das Lieben wahrlich neu beginnen«.

2 Geschichte der Übertragungs- und Gegenübertragungskonzepte

Den Psychoanalytikern der ersten Generation um Freud erschien die Übertragung ganz ungerufen. Sie hatten mit den intensiven Beziehungsphantasien und drängenden Wünschen der ersten Patientinnen (es waren überwiegend Frauen) nicht gerechnet. Dabei kann aus heutiger Sicht das Auftreten heftiger Übertragungen eigentlich nicht überraschen. Denn Freud hatte seine ersten Patientinnen noch in einer brisanten methodischen Mischung behandelt: abwechselnd »Ausforschen« in der Hypnose, Massage »am ganzen Körper« und außerdem mit den ersten Versuchen einer freien Assoziation. Dieses Setting musste wohl regressive Bewegungen anstoßen und heftige Beziehungswünsche »mit teilweise grob sexuellen Manifestationen« (Balint, 1968, S. 183) hervorlocken.

Einige Analytiker der ersten Generation um Freud gerieten in Angst. Breuer zum Beispiel verstrickte sich in die Übertragungsbeziehung zu seiner Patientin »Anna O.« (Körner, 1989a, S. 210). Diese hatte während der Analyse bei ihm eine Scheinschwangerschaft entwickelt und »in einer wahnhaften Geburtsszene phantasiert, das Kind von Herrn Doktor komme nun« (Kerr, 2011, S. 309). Selbst dann hatte Breuer die Behandlung unbeirrt fortgesetzt. Er gab die täglichen Sitzungen mit seiner Patientin erst auf, als seine Frau aus Verzweiflung darüber, dass er der jungen Frau so viel Zeit widmete, einen Suizidversuch unternahm.

Andere, wie etwa C. G. Jung, gingen auf die Beziehungswünsche ihrer Patientinnen ein und wurden von Freud nachsichtig begleitet. Freud tröstete Jung, der sich wohl gern als Opfer seiner Patientin Sabina Spielrein gesehen hätte, mit dem Zitat aus Goethes »Faust«:

»Bist mit dem Teufel du und du und willst dich vor der Flamme scheuen«? (Freud u. Jung, 1974, S. 233).

Die Liste derjenigen Psychoanalytiker/-innen, die sexuelle Verhältnisse mit ihren Patientinnen oder Patienten bzw. deren Angehörigen eingingen, ist lang: nicht nur Ferenczi und C. G. Jung, auch Groddeck, Stekel, Tausk, Reich, Bernfeld, Fenichel, Aichhorn, Rank, Radó, Jones, Masud Khan, Fromm-Reichmann, Horney und Schultz-Hencke (Krutzenbichler, 2008; Krutzenbichler u. Essers, 1991, 2010).

Freud schrieb in einem Brief an Binswanger (Binswanger, 1956), dass er es selbst wohl nur seinem fortgeschrittenen Alter verdanke, dass er »nicht hereingefallen« sei und dass er einige Male nur ein »narrow excape« (Freud u. Jung, 1974, S. 255) gefunden habe. »Ich glaube, nur die grimmigen Notwendigkeiten, unter denen mein Arbeiten stand, und das Dezennium Verspätung gegen Sie, mit dem ich zur Psychoanalyse kam, haben mich vor den nämlichen Erlebnissen bewahrt. Es schadet aber nichts. Es wächst einem so die nötige harte Haut, man wird der ›Gegenübertragung‹ Herr, in die man doch jedesmal versetzt wird, und lernt seine eigenen Affekte verschieben und zweckmäßig plazieren« (S. 254 f.).

Es ist seinen frühen Schilderungen anzumerken, wie erleichtert Freud war, dass er das Unheimliche der sehr intensiven Beziehungsphantasien begrifflich eingefangen, also buchstäblich »festgestellt« hatte: »nun ich das einmal erfahren habe, kann ich von jeder ähnlichen Inanspruchnahme meiner Person voraussetzen, es sei wieder eine Übertragung und falsche Verknüpfung vorgefallen« (Freud, 1895, S. 309).

Allerdings war Freud »anfangs über diese Vermehrung meiner psychischen Arbeit recht ungehalten« (1895, S. 310), und er betrachtete diese »Übertragungen« als »Zwang und Täuschung, die mit Beendigung der Analyse zerfließe« (S. 310). Er verstand aber auch schon sehr früh, dass sich diese Übertragungsphantasien zwar auf ihn richteten, andererseits aber einer Person aus der Geschichte der Patienten galten. Er nannte sie daher auch »falsche Verknüpfungen«, einen »Irrtum in der Zeit« – aber es war ein Irrtum, den aufzuklären sehr aufschlussreich sein könnte.

Bis heute noch lassen die psychoanalytischen Konzepte über die therapeutische Beziehung erkennen, wie sehr sich die Analytiker der ersten Generation vor der Übertragung gefürchtet hatten. Sterba (1934, S. 72) sprach vom »Objekthunger« der Übertragung und schlug vor, mit dem Konzept der »Realbeziehung« eine Insel zu schaffen, auf der man sich vor Übertragungen sicher fühlen könnte. Diese Unterscheidung zwischen einer Übertragungsbeziehung einerseits und einer »realitätsbeflissenen« Beziehung andererseits findet sich bis heute. Die »*therapeutische Ich-Spaltung*« (Körner, 1989b) verlangt vom Patienten, zwischen der Realbeziehung und der Übertragungsbeziehung zu unterscheiden, und lange Zeit galt die Fähigkeit der Patienten, diese Unterscheidung vorzunehmen, als eine Voraussetzung für erfolgreiches psychoanalytisches Arbeiten überhaupt.

Freud hat diese Idee von einer Realbeziehung, die von Übertragungen frei wäre, nie geteilt. Er schlug aber den Begriff der »milden, unanstößigen Übertragung« vor, welche sogar das Gelingen der analytischen Psychotherapie befördere. Für ihn waren therapeutische Beziehungen immer von Übertragungen getönt, man solle sie in ihrer »milden« Ausprägung für den therapeutischen Prozess nutzen und erst dann analysieren, wenn sie zum Widerstand geworden seien.

Die Angst vor der Übertragung, genauer: die Erfahrung intensiver, schwer kontrollierbarer emotionaler Antworten auf die Übertragung – oder doch das Entgegenkommen vonseiten der Analytiker – machte das Konzept von der *Gegenübertragung* erforderlich (Körner, 1990). Freud verwendete diesen Begriff erstmals öffentlich im Jahr 1910 auf einem Abend der »Mittwochsgesellschaft«, als er seine Kritik an einem Referat von Federn mit einer »bedeutsamen Regel für die Analyse« abschloss: »während nämlich der Patient sich an den Arzt hängt, unterliegt ja der Arzt einem ähnlichen Prozess, der ›Gegenübertragung‹. Diese Gegenübertragung muss vom Arzt vollständig überwunden werden; das allein macht ihn psychoanalytisch mächtig, das macht ihn zum vollkommen kühlen Objekt, um das der andere liebend sich bewerben muss« (Nunberg u. Federn, 1967, S. 405 f.).

Wenig später, auf dem psychoanalytischen Kongress in Nürnberg am 3.4.1910, verwendete Freud den Gegenübertragungsbegriff auch in der Fachöffentlichkeit: Der Analytiker »kommt nur so weit, als seine eigenen Komplexe und inneren Widerstände es gestatten«, darum müsse »der Arzt diese Gegenübertragung in sich erkennen und bewältigen« (Freud, 1910, S. 108).

Es war ein defensives Konzept von der Gegenübertragung; Freud sprach ja davon, man müsse die Gegenübertragung »niederhalten« (1915, S. 313), und verwendete die missverständlichen Metaphern von der Chirurgenhaltung und der Spiegelplatte, die nur das wiedergibt, was auf sie projiziert wird. Diese Ratschläge führten in der Folgezeit zu einer ersten, sehr rigiden Auffassung von der Abstinenz (Körner u. Rosin, 1985). Deren ängstliche Ausrichtung wurde methodisch so begründet, dass die extreme Zurückhaltung des Analytikers die Entfaltung einer Übertragung am besten befördere, weil der Patient nur das im Analytiker erkennen könne, was er selbst in ihn hineinprojiziert habe. Diese Begründung darf man in einem kritischen Rückblick wohl als eine Rationalisierung bezeichnen, die zu bemänteln hatte, dass die Analytiker damals große Angst hatten, sich in die Beziehung zu ihren Patientinnen und Patienten zu verstricken.

Diese rigide Auffassung von der Abstinenz erwies sich erst in den 1950er Jahren als ein heute schwer begreiflicher Irrtum. Bis dahin hatten viele Patienten unter der extremen Zurückhaltung ihre Analytiker und Analytikerinnen gelitten, die sie zweifellos als abweisend und kalt erlebten. Erst Paula Heimann (1950) forderte mit Nachdruck, die Gegenübertragung als Quelle der psychoanalytischen Erkenntnis zu nutzen, anstatt sie zu vermeiden oder »niederzuhalten«. Als Motive für diesen Vorschlag, den sie auf dem Internationalen Psychoanalytischen Kongress in Zürich 1949 vortrug, bewegten sie aber weniger fachlich-methodische Gründe, sondern ihr taten die Patienten einfach leid, die unter dem rigiden Abstinenzkonzept zu leiden hatten.

Der defensive Umgang mit der Gegenübertragung verschwand erst allmählich aus der Praxis der Psychoanalytiker. Rangell benutzte noch

1954 das Bild vom Psychoanalytiker als einem »Tennisschiedsrichter«, der das Spiel seines Patienten (mit wem spielt er eigentlich?) beobachtet und von seinem Richterstuhl aus kommentiert. Und am Berliner Psychoanalytischen Institut der Vorkriegszeit wurde noch ernsthaft diskutiert, ob man dem Patienten besser nicht die Hand geben sollte, um einen allzu persönlichen Kontakt zu vermeiden.

Andernorts hatte sich aber längst die Auffassung durchgesetzt, die Gegenübertragung – unvermeidlich, wie sie nun einmal war – als ein *Messinstrument* zu verwenden, um die Übertragung des Patienten zu erfassen. Der Analytiker soll seine innere Antwort registrieren und für das Verständnis der Übertragung auswerten. Dieser Vorstellung liegt die Auffassung zugrunde, dass die Übertragung nicht nur als »Irrtum«, als Fehlwahrnehmung, zu verstehen sei, sondern auch darin zum Ausdruck komme, dass der Patient seinen Psychotherapeuten in einer bestimmten Weise für sich verwendet. Diese Verwendung – König (1982) spricht vom »interaktionellen Anteil der Übertragung« – kann sehr imperativ, druckvoll oder auch verführerisch sein. Nur in seltenen Fällen begnügt sich der Patient nämlich damit, seinen Analytiker in einer bestimmten, vielleicht unangemessenen Weise wahrzunehmen. Zumeist versucht er doch auch, seinen Analytiker genau zu jener Antwort zu bewegen, die er sich immer gewünscht oder die er immer gefürchtet hatte.

Ein Alltagsbeispiel: Ein junger Mann kritisiert sich vor seinen Freunden sehr heftig. Er sei im Studium überfordert, bringe schlechte Leistungen und sei überhaupt zu nichts fähig. Die Freunde widersprechen ihm prompt: Er habe doch erst neulich eine Klausur bestanden, seine Noten im Examen seien doch gut ausgefallen. Er aber entgegnet, das sei doch keine Kunst gewesen, diese Klausur habe doch jeder bestanden und man wisse doch, dass die Leistungen in diesem Studiengang viel zu gut bewertet würden. Vielleicht widersprechen ihm die Freunde noch einmal, vielleicht wissen sie aber auch, dass sie hier nur für ein Manöver verwendet werden sollen, das man im Alltag »Fishing for Compliments« nennt.

Die Psychodynamik dieser Situation lässt sich wohl so erklären: Der junge Mann verfolgt ein sehr hohes Ich-Ideal, vor dem er sich klein und nichtig fühlt. Den inneren Widerspruch von »Einerseits möchte ich großartig sein, aber andererseits fühle ich mich minderwertig« kann er nicht gut in sich aufbewahren, deswegen externalisiert er die eine Hälfte: Indem er sich selbst herabsetzt, verführt er seine Freunde dazu, ihn umso mehr zu loben. Er verwendet also seine Freunde, um das zu hören, was er sich selbst nicht recht glauben kann. So hat er einen inneren Konflikt in einen äußeren Dialog verwandelt.

Auch im psychoanalytischen Prozess belässt es der Patient fast nie damit, seinem Analytiker ein mehr oder weniger zutreffendes Etikett anzuheften. In den meisten Fällen unternimmt er den Versuch, von ihm die gewünschte oder auch die gefürchtete Antwort zu erhalten – das ist die *Übertragung als Verwendung*. Und die Gegenübertragung brauchen wir nicht zu suchen, sie drängt sich uns auf, sofern wir sie nicht in uns selbst abwehren. Und wir brauchen die Gegenübertragung, um zu verstehen, auf welche Weise und mit welchen Beziehungsmodellen die Patienten uns verwenden und welche inneren Konflikte sie dabei zu bewältigen versuchen. Die Gegenübertragung, die innere Antwort, fungiert als notwendiges Messinstrument.

Psychoanalytiker verwenden für diese Art der Inszenierung ihrer Patienten zuweilen den Ausdruck der »projektiven Identifizierung«, die bei manchen Autoren als Merkmal einer schweren psychischen Störung gilt, von anderen wird sie schon Säuglingen in den ersten Lebensmonaten zugeschrieben. Ich halte das für eine Mystifizierung eines ganz alltäglichen, mehr oder weniger bewusst ablaufenden interpersonellen Zusammenspiels.

Damit das »Messinstrument« der Gegenübertragung sensibel reagieren kann, muss der Analytiker zur »Rollenübernahme« bereit sein (Sandler, 1976). Er soll die Zuschreibungen akzeptieren, auch wenn sie ihm unangenehm sind, und er soll allen eigenen Versuchen widerstehen, den Patienten über dessen übertragungshaften »Irrtum« aufzuklären.

Diese Rollenübernahme kann sehr belastend sein. Ich erinnere mich an eine Patientin, die mich für desinteressiert und unempathisch hielt. Meine Frage »Sie meinen also, ich sei desinteressiert und unempathisch?« beantwortete sie folgendermaßen: »Ich *meine* nicht, dass sie desinteressiert und unempathisch sind, sondern sie *sind* desinteressiert und unempathisch!« Ich musste akzeptieren, dass sie wirklich überzeugt war, und musste der Versuchung widerstehen, sie etwa durch ein betontes Interesse vom Gegenteil zu überzeugen.

Aber die Entwicklung der Konzepte von der Übertragung und der Gegenübertragung ging noch einen großen Schritt weiter. Die Vorstellung von der Gegenübertragung als Messinstrument ließ nämlich noch außer Acht, dass auch der Analytiker den Beziehungsprozess in der Psychotherapie gestaltet. Er ist zu keinem Augenblick nur ein Messinstrument, das wie ein Testverfahren in der klassischen psychologischen Testtheorie die Persönlichkeit des Probanden objektiv zu messen beansprucht, sondern er greift in das Beziehungsgeschehen mehr oder weniger bewusst aktiv ein.

Mit dieser Vorstellung von der gemeinsam gestalteten Beziehungssituation, die schon früh von Michael Balint beschrieben wurde, entwickelte sich die psychoanalytische Therapie zu einem »Zwei-Personen-Stück«. Seither wissen wir, wie sehr wir schon in den ersten Augenblicken der Begegnung mit unserem Patienten, unserer Patientin in der Beziehung mitwirken, und wir fühlen uns in der Pflicht, unsere Mitwirkung in der therapeutischen Beziehung zu kontrollieren und zu analysieren.

Die Auffassung von der »Ko-Konstruktion« der psychoanalytischen Beziehung ist heute sehr verbreitet. Insbesondere intersubjektivistisch orientierte Autoren (Altmeyer u. Thomä, 2006; Ermann, 2014; Thomä, 1981) betonen, dass Patient und Therapeut die inneren Konflikte des Patienten oder auch seine strukturellen bzw. Entwicklungsdefizite gemeinsam durcharbeiten sollten. Gemäß dieser methodischen Einstellung sollen sich Patient und Therapeut »auf Augenhöhe« begegnen, eine »paternale« Haltung eines Therapeuten, der immer schon wisse, was für den Patienten richtig und förderlich sein könnte, sei hier fehl am Platze, und auch Widerstandsdeutungen erübrigten sich.

Ein kurzer Blick zurück aus einer wissenschaftstheoretischen Perspektive: Die Geschichte der Übertragungs- und Gegenübertragungskonzepte war zunächst von dem naturwissenschaftlichen Selbstverständnis Freuds geprägt. Wie er nach kausalen Ursachen seelischer Erkrankungen und ihrer Symptome suchte, betrachtete er auch die Übertragung quasi kausal verursacht, als ein »Irrtum«, der sich immer wieder und so lange wiederholt, wie er unbewusst bleibt. Deswegen erschien es den ersten Analytikern seiner Zeit als das vordringlichste Ziel der Analyse, das Unbewusste (auch) in der Übertragung bewusst zu machen. Es galt, die Macht der Vergangenheit, die sich im Wiederholungszwang durchsetzte, zu brechen und dem Patienten damit Handlungsfreiheit zurückzugeben.

Auch wenn dieses aufklärerische Ziel in den psychoanalytischen Behandlungsmethoden heute in den Hintergrund getreten ist, blieb Freuds Anliegen doch erhalten: Unbewusste Motive wirken nun einmal wie Ursachen, denn weil wir sie nicht bewusst erleben, können wir auch nicht über sie verfügen. So betrachtet, geht es in der analytischen Psychotherapie auch heute noch darum, quasi kausale Verhaltensursachen in verfügbare Handlungsgründe zu verwandeln.

Nun hatte Freud schon sehr früh damit begonnen, die Idee von den kausalen Zusammenhängen bei der Neurosenbildung und der Entfaltung der Übertragung zu relativieren. Seine irritierende Erkenntnis, dass »meine Neurotika«[1] in ihrer Kindheit nicht immer auf reale traumatische Erfahrungen, sondern auf eine »nur« phantasierte Realität reagiert hatten, zwang ihn zu einer spektakulären Neuausrichtung der Psychoanalyse. Er habe sich damals, schreibt er in einem Rückblick des Jahres 1914 lapidar, entschieden, statt der »praktischen« nunmehr die »psychische« Realität zum Gegenstand der Psy-

---

1 »Ich glaube an meine Neurotika nicht mehr«, schrieb Freud 1897 irritiert an seinen Freund Wilhelm Fließ (Freud, 1950/1962, S. 187).

choanalyse zu machen. Von nun an war auch die Übertragung nicht mehr nur eine Wiederholung real erlebter Beziehungsszenen, sondern ein subjekthafter Entwurf, und der Analytiker fragte sich nicht mehr, inwieweit sich der Patient in der Übertragung »irrt«, sondern wie er seine soziale Welt und die therapeutische Beziehung interpretiert. Damit wandelte sich die psychoanalytische Methode zu einem hermeneutischen Verfahren.

Unvermeidlich änderten sich auch die Aufgaben des Psychoanalytikers in der therapeutischen Beziehung. Sie wandelten sich von der eines Archäologen auf der Suche nach dem verborgenen Unbewussten hin zu einem Interpreten von vieldeutigen Texten. Interpretationen aber sind – im Gegensatz zu kausalen Erklärungen – nicht abschließbar, weswegen wir ja auch nie »die« Bedeutung eines Traumes feststellen können.[2] Und: Jeder Interpret muss sich verpflichtet fühlen, seine eigenen Deutungsvoraussetzungen und Sinnerwartungen zu reflektieren. Zum Beispiel fragen wir uns, in welchem Kontext wir eine Traumszene unseres Patienten verstehen wollen: als Erzählung über die aktuelle Übertragungssituation, als Darstellung der inneren Konflikte des Patienten oder als Erläuterung zu einer biografisch bedeutsamen Szene?

Weiter: Weil »die Wahrheit« einer hermeneutischen Deutung nicht zu haben ist, suchen wir auch gar nicht, bis wir den Traum »richtig« verstanden haben, sondern wir sind darauf angewiesen, uns mit unserem Patienten oder unserer Patientin über Bedeutungen zu einigen. Spätestens darin zeigen wir uns als subjekthaft (und einflussreich) Beteiligte.

Schließlich: Die moderne Vorstellung von der Übertragung als dem Versuch des Patienten, seinen Analytiker in die eigenen inneren Konflikte einzubeziehen, ihn also auf spezifische Weise zu verwenden, drängt den Analytiker endgültig aus der Rolle eines objektiven, relativ unbeteiligten Beobachters und fordert von ihm, den

---

2 In dieser Hinsicht war Freud doch eher noch der Archäologe: »Aus Träumen erriet ich einen Plan ...« (Freud, 1921, S. 42).

eigenen Beitrag in der Gestaltung der therapeutischen Beziehung zu reflektieren. Aber das allein wird nicht genügen, denn das Ziel dieser gemeinsamen Betrachtung ist nicht, dass der Patient endlich einsieht, dass er sich im Analytiker irrt, sondern die beiden Beteiligten sollten sich darüber verständigen, wie sie sich wechselseitig sehen möchten (Schöpf, 2014).

3 Die psychoanalytische Situation und die »Entfesselung« der Übertragung

Im vorigen Kapitel haben wir gesehen, dass die Analytiker der ersten Generation überrumpelt worden waren von der Übertragung, die ganz ungerufen kam mit ihren drängenden Phantasien und Beziehungswünschen. Nicht wenige Analytiker ließen sich ja persönlich ansprechen und gingen eine erotische Beziehung zu ihren Patientinnen ein, damals und auch in den folgenden Jahrzehnten. Man könnte ihnen zugutehalten, dass sie das Besondere einer Übertragungsbeziehung im Unterschied zu einer Alltagsbeziehung noch nicht erfasst hatten; auch stand ihnen zu jener Zeit das notwendige Abstinenzkonzept, das die Rollenübernahme begrenzen soll, noch nicht zur Verfügung. Jedenfalls waren sie überrascht von der Intensität der Übertragungsbeziehung.

Als ich in meiner psychoanalytischen Ausbildung zur Behandlung meiner ersten Patientin zugelassen wurde, besuchte ich das Seminar »Mein erster Fall«, und ich erinnere mich gut, dass die Seminarleiterin (es war Ilsabe von Viebahn) uns junge Kolleginnen und Kollegen ermahnte: »Bitte machen Sie sich klar, dass Sie für eine Zeit lang der wichtigste Mensch im Leben Ihres Patienten werden!« Ich war erschrocken und fürchtete mich, diese Verantwortung zu übernehmen. Und ich wusste nicht, vor welchen Affekten ich mich mehr fürchten sollte: vor einer Verliebtheit, einer Idealisierung, die sehr verführerisch sein könnte, oder vor negativen, entwertenden Beziehungsphantasien.

Ist die Übertragung denn wie ein Geist aus der Flasche, der, einmal befreit, ein ungehemmtes Eigenleben führt und nicht mehr gebändigt werden kann? Was in der psychoanalytischen Situation bringt denn die Übertragung zum Vorschein – und was bindet sie im Alltag, in dem wir alle mit ausreichender Verlässlichkeit ganz »unanstößig« bleiben? Worin unterscheidet sich denn die psychoanalytische Beziehungssituation von einer sozialen Situation des Alltags, zum Beispiel von einer Beratungssituation, einem Coaching oder auch von einem hilfreichen Gespräch unter Freunden?

Nähern wir uns dieser Frage nach den Unterschieden von außen und beginnen wir bei den expliziten, leicht fassbaren Besonderheiten der psychoanalytischen Situation. Wenn wir den Patienten im Liegen behandeln (das ist allerdings nicht immer die Regel, in vielen Fällen sitzen uns die Patienten gegenüber), liegt darin natürlich schon ein sehr auffälliger Unterschied zu einer Alltagssituation, etwa zu der einer Beratung. Die Position des Liegens – eigentlich ein Relikt aus der Zeit, als Freud noch die Hypnose nutzte – sollte den Patienten darin unterstützen, sich seiner Innenwelt zuzuwenden, und könnte auch regressive Prozesse fördern.

Wie unsere Patientinnen und Patienten diese Position des Liegens auf der Couch erleben, lässt sich nicht leicht voraussagen. Viele vermissen den Blickkontakt und damit die Möglichkeit, sich über Mimik, Gestik und Körperhaltung zu verständigen. Der einzig übrig gebliebene Kommunikationsweg, also das gesprochene Wort und die lautlichen Eigenschaften der Sprache (Intonation, Rhythmus, Satzmelodie und gesetzte Akzente, also die »Prosodie« des Sprechens), genügt ihnen nicht – sei es, dass sie sich unsicher fühlen und auf Beruhigung, Bestätigung oder auch Bewunderung angewiesen sind, sei es, dass sie sehr negative Beziehungsphantasien auf ihren Analytiker projizieren und Angst haben, von ihm nicht ernst genommen oder gar verachtet zu werden.

Eine Patientin eröffnete mir erst nach Monaten der psychoanalytischen Behandlung, dass sie überzeugt sei, ich säße hinter ihr und schnitte Grimassen angesichts des Unsinns, den sie von sich gäbe. Ich war erschrocken über diese Beziehungsphantasie, aber auch froh, dass die Patientin nach langer Zeit doch den Mut zu dieser Mitteilung gefunden hatte.

Eine kleinere Zahl von Patientinnen und Patienten hingegen fühlt sich sogar entlastet, wenn sie ohne Blickkontakt, also scheinbar ganz »für sich«, sein kann.

Eine Patientin mit einem unsicher-vermeidenden Bindungsmuster genoss es sehr, so »vor mich hin« sprechen zu können. Sie verleugnete keineswegs meine – ihren Blicken verborgene – Anwesenheit, war in den Dialogen aufmerksam und reflektiert. Mir aber wie in den ersten, »probatorischen« Sitzungen gegenübersitzen zu müssen mochte sie sich gar nicht mehr vorstellen, sie würde sich ausgeliefert fühlen und müsste sich schämen. Deswegen verunsicherten sie auch die Momente der Begrüßung und des Abschieds, zu denen wir uns kurz in die Augen schauten, und sie verhielt sich in diesen Augenblicken betont kontrolliert und gleichförmig.

So unterschiedlich unsere Patienten die Situation des Liegens auch erleben und verarbeiten: In jedem Fall haben wir mit intensiven Reaktionen zu rechnen, die ihrerseits auch schon für die Diagnostik aufschlussreich sein können.

Andere Besonderheiten einer psychodynamisch-psychotherapeutischen Situation sind weniger auffällig: dass wir Fragen oft nicht (oder wenigstens nicht sogleich) beantworten, dass wir in der Regel keine Ratschläge erteilen, keine Beispiele geben (»Ich würde das an Ihrer Stelle anders machen …«) und uns überhaupt persönlich sehr zurückhalten.

Nicht selten reagieren Patientinnen und Patienten enttäuscht, wenn sie keine Ratschläge hören, und es kann sein, dass ihnen eine Begründung vom Typ »Sie müssen doch Ihre eigenen Lösungen finden« nicht einleuchtet. Das sind Situationen, in denen wir uns vor Augen führen müssen, dass wir die Regeln unserer Methode nicht erklären können. Oft muss es dann genügen, den Patienten um eine

Art Vertrauensvorschuss zu bitten: »Ich verstehe, dass Sie enttäuscht sind, wenn ich Ihnen in Ihrer schwierigen Lage keinen Rat gebe. Ich muss Sie aber bitten, darauf zu vertrauen, dass es besser so ist, wenn ich mich zurückhalte.«

Eine weitere Besonderheit psychoanalytisch-therapeutischer Situationen liegt darin, dass Psychoanalytikerinnen und Psychoanalytiker gern für sich in Anspruch nehmen, »ziellos« (Dreyer, 2006) zu arbeiten. Das ist richtig und falsch zugleich. Wir verfolgen natürlich Ziele in dem Sinne, dass wir unserem Patienten helfen möchten, gesund zu werden, also (wieder) »arbeits-, liebes- und genussfähig« zu werden[3]. Aber wie sich diese Ziele konkretisieren sollen und auf welchen Wegen der Patient sie zu erreichen sucht, bleibt ihm überlassen. Ob er sich in einer Beziehungskrise trennt oder nicht, ob er sich in einem Konflikt mit seinem Vorgesetzten aggressiv behauptet oder »klein beigibt« und ob er sein Studium beendet oder einen ganz anderen Berufsweg einschlägt, bleibt ihm überlassen. Diese Zurückhaltung mag manch einem Patienten als Desinteresse erscheinen; zu hoffen ist aber, dass er das Wohlwollen spürt, welches ihn auf seinen Wegen begleitet, gleichgültig, welche Richtung er einschlagen wird.

Mein Lehranalytiker verglich die analytische Arbeit zuweilen mit einer gemeinsamen Bergwanderung: Der Patient bestimmt das Tempo und die (Zwischen-)Ziele der Wanderung. Aufgabe des Analytikers sei es, seinen Patienten hin und wieder aufzufordern, sich umzuschauen und seine Umgebung wahrzunehmen, ferner, ihn darauf aufmerksam zu machen, wenn er sich wieder einmal vor einer Weggabelung befindet und sich entscheiden muss, wohin ihn sein weiterer Weg führen soll.

Ein bedeutsamer Unterschied zwischen einem psychodynamisch-therapeutischen Dialog und einem Alltagsdialog liegt ferner darin, dass

---

3 Dieses Zitat wird Freud zugeschrieben, er hat sich aber mehrfach nur ähnlich geäußert, zum Beispiel: »[…] so wird man sich auch nie etwas anderes zum Ziel der Behandlung setzen als die praktische Genesung des Kranken, die Herstellung seiner Leistungs- und Genußfähigkeit« (1904, S. 7).

sich der Therapeut oder die Therapeutin mit moralischen Bewertungen weitgehend zurückhält. Diese neutrale Haltung erscheint vielen Patienten als freundlich-zugewandt, vor allem dann, wenn sie sich für manche ihrer Gewohnheiten oder sexuellen Vorlieben schämen. In anderen Fällen aber irritiert diese »Indifferenz« (Freud) des Psychotherapeuten; sie könnte als Gleichgültigkeit aufgefasst werden.

Viele Patienten fühlen sich durch die Zurückhaltung des Psychotherapeuten wie alleingelassen. Denn in unseren Alltagsdialogen geben wir doch immer wieder – oft auf eine implizite Weise – zu erkennen, wie wir die Ansichten oder Handlungen unseres Gegenübers bewerten. Mehr noch: Wir weisen in unseren Konversationen fortwährend darauf hin, wie wir die Situation hier und jetzt verstehen und wie wir unser Gegenüber wahrnehmen, wie wir, mit anderen Worten, den Rahmen der Situation definieren wollen.

Der Soziologe Goffman (1974) hat das Konzept des Rahmens einer Situation vorgestellt. Der Rahmen einer Situation informiert uns darüber, »was hier eigentlich los ist«: Welche Handlungsregeln gelten hier, womit muss man rechnen, wie soll man das Reden und Handeln der anderen interpretieren? Für alle Standardsituationen – der Arztbesuch, die Theatervorstellung, die Sprechstunde in einer Behörde – haben wir unbewusst Rahmenvorstellungen gespeichert, die wir, ohne es zu bemerken, anwenden, um »nicht aus dem Rahmen zu fallen«.

Als ich nach meiner Schulzeit zum ersten Mal eine Universitätsvorlesung besuchte, war ich überrascht, dass etliche Studierende zu spät kamen, ohne zurechtgewiesen zu werden. Andere gingen nach einer Viertelstunde wieder – offenbar wurde auch das toleriert. Nachmittags in meinem ersten Seminar wurde geraucht, auch von der Dozentin. Das würde heute vollkommen aus dem Rahmen fallen, andersherum die Angewohnheit vieler Studierender heute, voluminöse Wasserflaschen vor sich hinzustellen, um während des Seminars immer mal einen tiefen Schluck zu nehmen. Dieses Verhalten wäre vor fünfzig Jahren sehr aufgefallen und die Studierenden hätten sich die spöttische Frage gefallen lassen müssen, ob sie wohl vorhätten, eine Wüstenexpedition zu unternehmen.

Für unser Thema ist es sinnvoll, Goffmans Konzept zu erweitern (Körner, 1995), und zwar um die Einsicht, dass der Rahmen einer Situation nicht nur darüber informiert, welche Handlungsweisen angemessen sind, sondern er bestimmt auch, welche Phantasien zur Deutung einer sozialen Situation angebracht sind und bewusst werden dürfen. Wenn wir zum Beispiel bei einem Arzt eine schmerzhafte Untersuchung hinnehmen müssen, phantasieren wir nicht, dass dieser Arzt vielleicht ein sadistisches Vergnügen empfindet, uns wehzutun – dann könnten wir die Untersuchungssituation kaum ertragen. Wir kennen den Rahmen der Situation »ärztliche Untersuchung«, und dann lassen wir Phantasien wie »Der quält mich lustvoll« gar nicht erst zu. Wenn wir also den Rahmen einer Situation kennen, wissen wir unbewusst, welche Phantasien hier angebracht sind und welche nicht. Und wenn sie nicht angebracht sind, dann haben wir sie in der Regel auch nicht.

Goffman hat seine Theorie mit zahlreichen Beispielen aus der Theaterwelt illustriert. Der Rahmen des Theaters gibt an, dass von dem Augenblick an, in dem sich der Vorhang öffnet, etwas Fiktionales geschieht, also: »Jetzt wird nur gespielt«. Wir, die wir den Rahmen des Theaters kennengelernt haben, können deswegen auch die gruseligsten Szenen ertragen. Aber in den Kulturen der »Dritten Welt« konnten umherziehende Theaterleute früher auch schon einmal erleben, dass die Zuschauer auf die Bühne sprangen, um einem Schurken den Garaus zu machen oder ein Opfer zu schützen. Auch drei- oder vierjährige Kinder rennen oft spontan zur Bühne des Kasperletheaters, um die Oma vor dem Krokodil zu warnen. Eigentlich »wissen« sie ja, dass es kein lebendiges Krokodil ist, aber die Trennung von Spiel und Realität ist noch sehr unvollkommen.

Im Alltag verständigen wir uns fortlaufend nicht bewusst mit unseren Beziehungspartnern, wie wir die Situation jetzt hier zwischen uns verstehen wollen (also »was hier eigentlich los ist«) und in welchem Kontext wir das, was wir sagen, verstanden wissen wollen. Indem wir sprechen, weisen wir indirekt fortlaufend auf den Kontext hin, in dem das Gesagte seinen Sinn erhält. Umgekehrt brauchen wir angesichts der Mehrdeutigkeit unserer sprachlichen Ausdrücke immer die Kontexte, um sicher zu verstehen, was gemeint ist. Diese Funktion des Sprechens, ganz unausdrücklich auf die Kontexte des Sprechens hinzuweisen, nennt man in der Sprachwissenschaft die Indexfunktion oder »Indexikalität« der Sprache.

In der psychoanalytischen Situation fehlen dem Patienten die im Alltag üblichen impliziten Hinweise, wie die Situation hier und jetzt zu verstehen ist. Denn die Zurückhaltung und Neutralität des psychodynamischen Psychotherapeuten überlässt es dem Patienten weitgehend, wie er die therapeutische Situation wahrnehmen will, welches Bild er sich vom Therapeuten oder von der Therapeutin macht und wie er seine eigene Rolle in der therapeutischen Beziehung sieht.

Diese Offenheit nimmt dann noch dadurch zu, dass der Therapeut den Patienten bittet, alles zu sagen, was ihm durch den Kopf geht, auch dann, wenn es ihm unzusammenhängend, sinnlos oder peinlich erscheint. Mit dieser Grundregel, also der Aufforderung an den Patienten zur freien Assoziation, führen wir einen Parameter ein, der die psychotherapeutische Situation von allen Gesprächssituationen des Alltags fundamental unterscheidet. Wir ermutigen den Patienten also, sich hinwegzusetzen über die Konversationsregeln des Alltags und über Einsprüche seiner Gewissensinstanz und auch solche Gedanken und Gefühle preiszugeben, die im Alltag »aus dem Rahmen fallen« würden.

Wendet man hier die Theorie des Rahmens auf die psychodynamisch-therapeutische Situation an (Körner, 1995), so muss man vom Patienten aus sagen: Man weiß wirklich nicht, was hier eigentlich los ist. In dieser Unsicherheit greift der Patient auf Deutungsmuster sozialer Beziehungen zurück, die ihm seit jeher vertraut sind, er kann gar nicht anders. Der eine ist sich sicher, dass er wegen seiner Homosexualität verurteilt wird, der andere glaubt, dass er sich auf jeden Fall behaupten muss oder unabhängig bleiben sollte (»Dies hier ist doch keine Beziehung!«), und eine Patientin, die seit jeher gewohnt ist,

Männer dadurch zu manipulieren, dass sie in ihnen erotische Wünsche weckt, wird auch das versuchen.

Die zuletzt genannten Beispiele könnten den Eindruck erwecken, die Deutungen des Analytikers oder der Analytikerin zielten vor allem darauf, den Patienten auf peinliche Phantasien oder Motive aufmerksam zu machen, die er gern vor sich und anderen verbirgt. Das trifft gewiss hin und wieder zu, aber die Offenheit der Situation und die Ermutigung des Patienten, auch scheinbar sinnlose Einfälle auszusprechen, verfolgen ein viel weiter gestecktes Ziel: Er soll verstehen, dass die Realität, auch die der gemeinsamen Beziehung, immer schon eine subjekthaft gedeutete ist und dass es sehr interessant und zuweilen auch vergnüglich sein kann, die latenten Bedeutungen zu entdecken.

Eine Patientin begann die Stunde mit den Worten: »Ich habe heute meine Handtasche im Auto gelassen.« Das schien ihrem Analytiker nicht sehr bemerkenswert, aber sie fuhr fort: »Ich hatte noch überlegt, ob ich sie diesmal im Auto lasse.« Jetzt erinnerte er sich, dass die Patientin sonst immer mit großer Gleichförmigkeit eine Handtasche neben sich am Kopfende der Couch auf den Boden stellte. Aber das Thema blieb ihm rätselhaft. Nachdem die beiden eine Weile über andere Dinge gesprochen hatten, sagte sie ganz unvermittelt: »Ich fühle mich heute etwas nackig.« Da fiel dem Analytiker die fehlende Tasche ein und er sagte: »Weil die Tasche nicht mehr zwischen uns steht.« »Ja«, sagte die Patientin, »da hatte ich mehr Abstand.« Dann berichtete sie, dass sie sich in den letzten Tagen mehr mit ihm beschäftigt habe. Sie habe es bisher vermieden, etwas über ihn zu erfahren, aber nun müsse sie »gestehen«, dass sie sogar über Google Erkundigungen eingezogen habe. Er sagte: »Dass Sie die Tasche im Auto gelassen haben, bedeutet wohl, dass Sie etwas mutiger geworden sind und etwas mehr die Nähe zu mir suchen.« Sie stimmte ohne Umschweife zu.

Diese Szene ist vielleicht geeignet, den Unterschied zwischen einem psychoanalytischen Dialog und einem Alltagsdialog zu erläutern.

Nehmen wir noch einmal das Beispiel »Ich habe heute meine Handtasche im Auto gelassen«. Die Patientin gab keinen weiteren Kommentar ab. Wenn wir im Alltag über diesen Satz überhaupt nachdenken würden, könnten wir annehmen, er solle bedeuten: »Hier in dieser Wohngegend muss man keine Diebstähle befürchten.« Oder: »Ich hatte es so eilig, dass ich aus Versehen die Handtasche im Auto gelassen habe.« Das wäre ein Verständnis des Textes im Kontext »Alltag«. Wenn wir diesen Satz – immerhin zu Beginn einer Stunde gesagt – als Psychoanalytikerin oder Psychoanalytiker hören, suchen wir noch ganz andere Kontexte, um ihn zu interpretieren. Zum Beispiel könnte man die kleine Mitteilung in den Kontext »Kommentare zur psychoanalytischen Situation« stellen. Das hatte der Analytiker zwar versucht, aber es war ihm nichts eingefallen. Deshalb musste die Patientin das selbst machen, indem sie nach einiger Zeit scheinbar unvermittelt sagte: »Ich fühle mich heute etwas nackig.« Damit wurde dem Analytiker die Bedeutung der ersten Mitteilung klar: Die Tasche hatte bisher für Abstand gesorgt, die Patientin war diesmal so mutig, auf die Tasche zu verzichten, aber es schien ihr, dass sie dem Analytiker damit doch zu nahe gekommen war.

Genauso, wie wir den »Text« unserer Patienten im Kontext »Übertragung« zu verstehen suchen, könnten wir uns in umgekehrter Richtung, ausgehend von unserem Verständnis der aktuellen Übertragungssituation, auf die Suche machen nach verborgenen Äußerungen unseres Patienten zu seinen Übertragungsphantasien.

Zum Beispiel könnte der Analytiker, der im eben erzählten Beispiel verstanden hat, dass seine Patientin sich im Konflikt zwischen dem Wunsch nach Nähe und der Angst vor Nähe befindet, ihre weiteren Äußerungen daraufhin durchmustern, ob sie sich auch in diesem (neuen) Kontext verstehen lassen. Wenn die Patientin etwa sagen würde: »Ich habe gesehen, dass da viele Bücher in Ihrem Schrank stehen«, könnte er auch diese Äußerung als Anspielung auf die Übertragung deuten: »Sie haben sich getraut, sich hier umzuschauen, und sind mir dadurch etwas nähergerückt.« Und wenn die Patientin zustimmt, haben wir den Kontext »Übertragungssituation« um eine Facette bereichert.

Auf diese Weise pendeln wir in unserer Betrachtung zwischen den Texten unseres Patienten oder unserer Patientin und seinen möglichen Kontexten hin und her. Nichts anderes ist der »hermeneutische Zirkel« der geisteswissenschaftlich orientierten Wissenschaftstheorien: Um einen Text zu verstehen, gehen wir von einem Vorverständnis aus, wir interpretieren ihn also versuchsweise vor einem Bedeutungshorizont (z. B. »Übertragungssituation«), der aber nicht festliegt, sondern sich dadurch verändert, dass wir ihm eine neue Bedeutungsfacette hinzufügen.

Wenn wir uns in diesem Kapitel gefragt haben, worin sich eine analytisch-therapeutische Situation von einer Gesprächssituation des Alltags unterscheidet und welche Parameter die Übertragung entfesseln, haben wir in der hermeneutischen Methode des Suchens nach latenten Bedeutungen in unseren Dialogen mit den Patienten ein wesentliches Merkmal gefunden. Während wir uns im Alltag fortwährend darüber verständigen, dass wir »wirklich« das meinen, was wir sagen, sprechen wir mit unseren Patienten darüber, wie vieldeutig und doch aufschlussreich das gesprochene Wort doch sein kann.

Diese Vieldeutigkeit mag manche Patientinnen und Patienten überraschen. Während sie in der Betrachtung von Träumen vielleicht noch einräumen, dass es sich lohnen könnte, über verborgene Bedeutungen nachzudenken, widersetzen sie sich den Interpretationen der Übertragungssituation häufig. Diese Widerstände sind durchaus verständlich, denn die Anspielungen auf die Übertragung werden ja deswegen nicht bewusst vorgetragen, weil der Patient, die Patientin sie vor sich und dem Analytiker verbergen will.

Im Beispiel der weggelassenen Handtasche sollte das konflikthafte Motiv »Ich wünsche mir mehr Nähe, aber ich habe auch Angst davor« verborgen bleiben, auch der Patientin selbst. Dass sie ihre Handtasche im Auto ließ, war also eine unbewusst motivierte Fehlleistung, deren Sinn ihr selbst erst in der Analysestunde offenbar wurde. So befreiend eine plötzliche Erkenntnis – wie ein »Aha-Erlebnis« (Karl Bühler) – sein kann, ist der Weg zu ihr hin doch mit Widerständen verstellt.

Aber die Analyse der Übertragung geht noch einen großen Schritt weiter, weil sie nicht nur die Übertragungsphantasien aufdecken will, sondern auch zum Vorschein bringen möchte, wie der Patient seinen Analytiker unbewusst absichtlich[4] *verwendet.* Auch dazu ein Beispiel:

Ein Patient fühlt sich ermutigt, über seine Beziehung zu seinem erheblich älteren Analytiker zu sprechen. Vielleicht versucht er wirklich, offen zu sein, und sagt ihm, dass er ihn zwar als wohlwollend erlebt, aber doch den Eindruck hat, dass er etwas neidisch ist auf seine großen Erfolge bei den Frauen. »Ich finde nämlich, dass Sie immer etwas mürrisch reagieren, wenn ich Ihnen die Erlebnisse einer letzten Nacht schildere. Ich kann mir ja auch denken, dass es in Ihrem Alter doch etwas ruhiger zugeht und dass Sie einfach auch andere Interessen haben.«

Der Analytiker sieht ein, dass sein Patient ganz recht hat, tatsächlich hat er die Schilderungen des Patienten über seine amourösen Abenteuer auch mehrfach mit spitzen Bemerkungen kommentiert. Er hat also die ihm zugeschriebene Rolle übernommen. Er wäre gut beraten, diese Rollenübernahme nicht abzustreiten, sondern einzuräumen, dass er tatsächlich etwas spitz kommentiert hatte. Aber er wird den Patienten auch fragen, ob es Gründe geben könnte, dass er seinen Analytiker vielleicht so erleben *möchte,* wie er es wahrgenommen hat. Dass er also deswegen so ausführlich und detailreich seine sexuellen Abenteuer darstellt, damit der Analytiker neidisch wird. Vielleicht fühlt er sich ja seinem Analytiker in vieler Hinsicht unterlegen und sieht die Chance, mit ihm auf dem Feld sexueller Attraktivität erfolgreich zu konkurrieren. Möglicherweise gibt es auch einen erhellenden biografischen Zusammenhang, vielleicht hatte der Patient als kleiner

---

4 Im Alltagsverständnis erscheint uns die Redeweise von der »unbewussten Absicht« widersinnig, aber aus psychoanalytischer Sicht können Motive und Handlungsziele durchaus unbewusst sein. Gerade diese sind ja besonders einflussreich, weil wir uns gar nicht gegen sie entscheiden können.

Junge einen autoritären Vater, von dem er sich oft entwertet fühlte, mit dem zu konkurrieren aber viel zu gefährlich gewesen wäre.

So könnte der Analytiker sagen: »Sie erzählen so gern von Ihren sexuellen Erfolgen. Und Sie sind etwas stolz auf Ihre Eroberungen, auch weil Sie sich vorstellen, dass Sie hierin viel erfolgreicher sind, als ich es sein könnte. Ich nehme an, dass Sie in diesen Augenblicken auch einen späten Triumph über Ihren Vater erleben, in dessen Gegenwart Sie sich immer so klein und minderwertig gefühlt haben.«

Der Patient erfährt also, dass er seine Beziehung zu seinem Analytiker nicht nur subjekthaft wahrnimmt, sondern auch unbewusst und durchaus erfolgreich gestaltet. Er erlebt seine Übertragung als *Anschauung* und als *Verwendung*.

Ein kurzer Rückblick auf dieses Kapitel: Worin liegen die Unterschiede zwischen einer analytisch-therapeutischen Situation und einer sozialen Alltagssituation? Was insbesondere »entfesselt« die Übertragung? Wir haben gesehen, dass allein die Position des Liegens von vielen Patienten schon aufgrund der fehlenden visuellen Kontrolle Übertragungsphantasien anregt, die sie unter der Verpflichtung zur freien Assoziation mehr oder weniger offen zur Sprache bringen. Die Abstinenz des Analytikers und die »Ziellosigkeit« des therapeutischen Prozesses tragen dazu bei, dass die Frage, »was hier eigentlich los ist«, immer wieder offenbleibt.

Meine Patientinnen und Patienten haben mir schon sehr unterschiedliche Interpretationen unserer therapeutischen Situation angeboten: wie beim Zahnarzt (»Es geht doch darum, dass Sie die faulen Stellen finden und bohren«) oder wie in der Schule (»Ich soll hier für mein weiteres Leben lernen«) oder wie bei einer Prostituierten (»Aber mit weniger Spaß und außerdem teurer«).

Die stärksten Wirkungen aber entfaltet die Deutungsmethodik des Analytikers, der die Äußerungen des Patienten auf einen latenten Sinn hin interpretiert. Während wir uns in Alltagsdialogen fortwährend über unsere geteilte soziale Realität verständigen, erfährt der Patient, dass er »nur« in einer gedeuteten Welt lebt. Diese »Fiktionalisierung« der Wirklichkeit und insbesondere der therapeutischen Beziehung mag ihn einerseits verunsichern, aber andererseits öffnen sich ihm auch »utopische Räume«, in denen er ein neues soziales Leben erproben kann.

Schließlich: Übertragungen und Gegenübertragungen können sehr intensiv sein, und manche Psychotherapeuten und -therapeutinnen behelfen sich dann durch die Vorstellung, es handele sich hier um eine »Als-ob-Beziehung«, ein »Wir spielen nur« oder »Wir üben bloß«. Gewiss ist es einfacher, Situationen von Enttäuschung oder Gekränktheit oder auch Verliebtheit zu ertragen, wenn man ihnen ihre Ernsthaftigkeit abspricht. Aber so spielerisch, wie der Umgang miteinander auch sein kann: Die Übertragungsbeziehung ist kein Spiel, sondern der Ernstfall. Schon Freud (1915, S. 316) hatte gemahnt, man solle den Gefühlen seiner Patienten nicht die Ernsthaftigkeit absprechen. Und auch Treurniet (1996, S. 14) kritisiert mit Entschiedenheit die Auffassung, die Übertragung sei »nicht völlig wirklich«. Der Unterschied zu sozialen Situationen des Alltags besteht doch nur darin, dass wir, Patient und Analytiker, uns innerhalb der therapeutischen Situation erlauben, auch unbewusste Phantasien, Gefühle und Handlungsimpulse zu erleben, selbst dann, wenn sie uns peinlich oder widersinnig erscheinen mögen. Insofern ist die Übertragungsbeziehung nichts anderes als eine *»entfesselte«* Alltagsbeziehung, die sich wohl auch nur innerhalb des sicheren Rahmens entfalten kann, den der Analytiker garantiert und den auch er achten wird.

Weiter: Wenn sich der Patient ermutigt fühlt, seine bislang unbewusst gehaltenen Beziehungsentwürfe zum Analytiker wahrzunehmen und zu erkennen, wie er die therapeutische Beziehung aktiv ausgestaltet, um lebensgeschichtlich früh erlebte Konflikte zu wiederholen, wird er sich vielleicht mithilfe des Analytikers zurückerinnern an belastende Beziehungserfahrungen. Vielleicht fühlt er sich dann wie das Kind von damals, das vergeblich die mütterliche Zuwendung suchte oder auch empört war über den Vater, der ihn aus dem

Bett der Mutter verbannte. Wir können also damit rechnen, dass in regressiven Phasen des analytischen Prozesses[5] der Patient Phantasien und Wünsche (wieder-)entdeckt, die er in den frühen Lebensjahren – etwa unter dem Primat des Ödipus-Komplexes – sublimieren musste. Wenn dann intensive, auch negative Affekte auftreten oder eine »präödipale« Verliebtheit mit einem unbedingten Begehren die Beziehungsszene beherrscht, dann erleben wir die Übertragung nicht nur als eine (von den Konventionen des Alltags) *entfesselte,* sondern auch als eine *entsublimierte,* also »präödipale« Beziehung.

Die etwas dramatisierende Wortwahl von der »entfesselten« Übertragung legt vielleicht nahe, hier eine Abgrenzung von Übertragung und Übertragungsneurose zu versuchen. Allein, diese Abgrenzung wird kaum gelingen, auch wenn Freud (1916/17, S. 461) eine scheinbar klare Definition einer Übertragungsneurose vorgeschlagen hat: Dort hätten, so schreibt er, »alle Symptome des Kranken […] ihre ursprüngliche Bedeutung aufgegeben und sich auf einen neuen Sinn eingerichtet, der in einer Beziehung zur Übertragung besteht«. Als Beispiel können wir uns vielleicht vorstellen, dass eine Patientin ihre klaustrophobischen Symptome, mit denen sie sich vor gefürchteter Umklammerung befreien möchte, eintauscht gegen Befürchtungen, der Psychotherapeut könnte sie an sich binden und sie festhalten, sodass sie meint, sich von ihm befreien zu müssen.

Es könnte aber auch genügen, in solch einem Falle von einer intensiven Übertragung zu sprechen. Tatsächlich hat der Begriff der Übertragungsneurose heute insofern an Bedeutung verloren[6], als er nurmehr eine besonders intensive Übertragung bezeichnet, bei der sich der neurotische Konflikt des Patienten als Beziehungskonflikt in der therapeutischen Dyade darstellt (Herold u. Weiß, 2014, S. 1014) – dies entspricht dem hier vorgestellten Konzept von der Übertragung als Verwendung. Die Erweiterung des Übertragungsbegriffs um die

---

5 Freud sprach (1914, S. 47) von der »regredienten« Richtung der analytischen Arbeit.
6 Im Handbuch psychoanalytischer Grundbegriffe (Mertens, 2014) ist er nicht als eigener Begriff aufgeführt.

»Übertragung als Verwendung« hat zu zahlreichen, klinisch wichtigen Differenzierungen wie positive und negative Übertragung, Spiegel- und Zwillingsübertragung, pseudopositive Übertragung und erotische Übertragung geführt.

4 Erscheinungsformen der Übertragungsanalyse

4.1 Voraussetzungen und Rahmenbedingungen

Wie wir die Übertragung unseres Patienten analysieren können, hängt von zahlreichen Faktoren ab, die teils vom Patienten oder von der Patientin, teils von uns selbst und schließlich auch von Merkmalen des Settings bestimmt werden. Beginnen wir gleichsam von außen, mit den Voraussetzungen für die gemeinsame therapeutische Arbeit.

Vor vielen Jahren saß mir eine junge Patientin gegenüber, der ich im Vorgespräch erklärte, dass sie in unseren Gesprächen bitte alles sagen möge, was ihr in den Sinn komme. Sie schaute mich erschrocken an: »Alles?!« Ich sagte entschieden: »Ja, alles!« Sie schwieg einen Augenblick, dann sagte sie entschlossen: »Nee!«, und wir trennten uns wieder.

Ein Patient bat mich im Vorgespräch um die Zusicherung, dass wir das Thema seiner Beziehung zu seiner Frau aus der Therapie »heraushalten« würden. Dort sei nämlich »alles in Ordnung«, es lohne also gar nicht, darüber zu sprechen. Ich habe auch diese analytische Psychotherapie nicht begonnen.

Man kann diese Beispiele gewiss kontrovers diskutieren. Manche Kolleginnen und Kollegen meinten, man könne im Falle der Weigerung der ersten Patientin auch anfangen in der Hoffnung, dass sie zunehmend Vertrauen fasse und dann auch »aus sich herauskomme«. Und auch im zweiten Beispiel könne man doch sicher sein, dass vielleicht nach einer längeren Zeit auch die Konflikte zwischen dem Patienten und seiner Frau ans Licht kämen. Ich teile diese Ansicht nicht. Wenn ich (im zweiten Fall) zusage, die eheliche Beziehung nicht anzusprechen, aber insgeheim doch damit rechne, dass es sich auf Dauer gar nicht vermeiden lasse, würde ich den Patienten nicht ernst nehmen.

Nun zu den Voraussetzungen, die in der Persönlichkeit unserer Patienten liegen. Wie unterscheiden sich die Übertragungen von Patientinnen und Patienten mit strukturellen Störungen bzw. Entwicklungsdefiziten von jenen, die »nur« an neurotischen Konflikten leiden? In beiden Fällen können wir mit intensiven Übertragungsmanifestationen rechnen, und beide verwenden ihren Therapeuten, aber aus unterschiedlichen Motiven. Ein Patient mit neurotischen Konflikten externalisiert seine inneren Konflikte in der Übertragung. Er inszeniert also zwischen uns einen Widerspruch, den er in sich selbst nicht ertragen kann.

Ein Patient sagte: »Ich glaube, Sie lehnen mich ab, weil ich homosexuell bin. Sie tun zwar so liberal, aber eigentlich würden Sie mich am liebsten doch ›rumdrehen‹. Als ich Ihnen neulich von meinem Traum mit der hübschen Frau erzählte, waren Sie ganz begeistert.« Der Analytiker hat diese Wahrnehmung nicht bestätigt und ihr nicht widersprochen. Er hat aber angeregt, darüber nachzudenken, ob es sein könne, dass der Patient ihn vielleicht als homophob sehen möchte, um sich ihm gegenüber umso standfester zu positionieren. Tatsächlich sprach der Patient in der Folgezeit über seine zwiespältige Haltung gegenüber der eigenen sexuellen Orientierung und darüber, wie er auch in seiner Beziehung zum Analytiker schwanke: Manchmal wünsche er sich, der würde ihn »mit einem Tipp auf die Schulter« tatsächlich »herumdrehen«, aber ebenso oft schreibe er ihm eine ablehnende Haltung zu, gegen die er dann opponieren könne, um sich seiner homosexuellen Orientierung zu versichern.

Mit seiner Deutung »Sie *möchten* mich als homophob sehen« sprach der Analytiker die unbewusste Absicht des Patienten an, ihn für sich zu verwenden. Diese Deutung setzte ein hohes Strukturniveau voraus, sie wandte sich an den unbewusst wirkenden Akteur im Patienten, der seine zwiespältige Haltung gegenüber der eigenen Homosexualität am liebsten dadurch »loswerden« möchte, dass er einen Teil des inneren Dialogs (»ich lehne meine Homosexualität ab«) dem Analytiker zuschreibt.

Bei Patienten mit strukturellen Defiziten werden wir einen solchen inneren Akteur nicht finden (Körner, 2016). Auch sie entwickeln intensive Übertragungsphantasien, sind zum Beispiel überzeugt, dass wir sie verachten und am liebsten wegschicken würden. Aber diese Überzeugung ist nicht Teil eines inneren Konflikts (»Ich bin großartig – ich bin ein Nichts«), und sie schreiben uns nicht den einen Teil zu, um eine Gegenrede zu hören (wie im Alltag bei einem »Fishing for Compliments«). Sondern ihre Zuschreibungen entsprechen eins zu eins ihren inneren Zuständen, die sie nur schwer regulieren können. Deshalb wäre dann eine Deutung einer unbewussten Absicht nicht sinnvoll. Der Patient wäre mit der Frage »Wozu glauben Sie, dass ich Sie verachte?« überfordert. Er würde vielleicht antworten: »Ich *glaube* nicht, dass Sie mich verachten, sondern ich *weiß*, dass Sie mich verachten.«

Hier schließt sich die Frage nach dem Mentalisierungsniveau unserer Patientinnen und Patienten an. Inwieweit können sie über ihre eigenen Überzeugungen und die anderer Menschen nachdenken? Können sie ein Verständnis dafür entwickeln, dass ihre Auffassung, »was hier eigentlich los ist«, ein subjekthafter Entwurf ist, über dessen Hintergründe nachzudenken sich vielleicht lohnt? Oder müssen wir mit unseren Patienten erst einen Sinn für die Fiktionalität der Situation entwickeln, um dann mit ihnen die Beziehung zwischen uns auch als Probebühne zu nutzen? Denn mit einem Patienten darüber nachzudenken, wie er uns sieht oder sehen möchte, hat erst dann einen Sinn, wenn wir uns darüber einig sind, dass wir zwischen der Realität und unserer Auffassung von der Realität unterscheiden müssen, wenn wir also nicht (mehr) im Äquivalenzmodus (Fonagy, 2003) denken.

Zu den Rahmenbedingungen für den Umgang mit Übertragungen und Gegenübertragungen gehören natürlich auch das Setting, die Frequenz und die beabsichtigte Dauer der Therapie. Zweifellos fördert das Couch-Setting bei den meisten Patienten eher regressive Prozesse, und die Arbeit im Gegenübersitzen empfiehlt sich gerade dann, wenn ein Patient seine Übertragungsphantasien nicht reflektieren kann. Und niederfrequente psychotherapeutische Arbeit im Gegenübersitzen ist insbesondere bei Patientinnen und Patienten mit niedrigerem Strukturniveau indiziert. Denn in diesen Fällen zielen wir weniger auf die Erforschung unbewusster Konflikte und ihrer Externalisierung in der Übertragung, sondern wir helfen ihnen bei der Affektdifferenzierung, unterstützen sie, auslösende Situationen für ihre schweren, oft negativen Affekte zu identifizieren und ihre Affekte zu steuern.

Obgleich wir bei diesen Patienten und in diesem Setting durchaus auch supportive Techniken anwenden, indem wir sie ermutigen und ihre Erfolge anerkennen, arbeiten wir auch hier mit Übertragungs- und Gegenübertragungsprozessen. Wenn wir uns zum Beispiel von einem Patienten sehr entwertet fühlen, indem er unsere Deutungsangebote lächerlich macht (»im Lehrbuch für Anfänger auswendig gelernt«), versuchen wir, den Patienten dazu zu gewinnen, einzusehen, *wie* er sich verhält. Wir stellen ihm auch zur Verfügung, dass wir uns von seinen abfälligen Bemerkungen entwertet fühlen. Die Frage hingegen, *wozu* er uns so entwertet, stellen wir zunächst zurück, und es kann lange dauern, bis wir sie mit diesem Patienten produktiv untersuchen können.

Nun zu den persönlichen Voraussetzungen aufseiten des psychodynamischen Psychotherapeuten, der psychodynamischen Psychotherapeutin. Gemeint sind neben den psychotherapeutischen Kompetenzen im engeren Sinne (Körner, 2015b) Einstellungen, Werthaltungen, Menschenbilder, die den Hintergrund abgeben für unser Handeln auch in psychotherapeutischen Situationen.

Einige Beispiele: Psychotherapeuten unterscheiden sich in ihren impliziten Auffassungen darüber, welches die allgemeinen Ziele einer Psychotherapie sein sollten.

- Wünschen sie sich, dass ihre Patientinnen und Patienten unabhängiger werden von den inneren Objekten ihrer Kindheit, oder sollen sie sich mit ihnen aussöhnen?
- Sollen sie sich im psychodynamischen Prozess aufrichtig erforschen, oder sollen sie zufriedener mit sich werden?
- Sollen sie durch die Therapie durchsetzungsfähiger werden, oder sollen sie sich an die bestehenden Realitäten anpassen, um erfolgreich zu sein?

Diese drei Gegensatzpaare stellen keine strengen Alternativen dar, aber ich bin mir sicher, dass sich alle Psychotherapeuten entweder zu dem einen oder anderen Pol hinorientieren. Sie unterscheiden sich dann darin, ob sie zum Beispiel eher meinen, ihre Patienten sollten selbstkritisch sein und den Mut aufbringen, sich auch in ihren weniger erfreulichen Eigenschaften zu erkennen, oder ob sie finden, ihre Patienten sollten sich vor allem annehmen, wie sie sind (»Ich möchte gnädiger zu mir sein«, sagte eine Patientin). Ich vermute, dass alle Psychotherapeutinnen und -therapeuten zwischen diesen Polen ihre Standpunkte einnehmen, ohne sich dessen unbedingt bewusst zu sein.

Diese Werthaltungen stehen wiederum im Kontext grundlegender Menschenbilder, die man, zum Beispiel mit Kohut (1977), wiederum dichotomisch gegeneinanderstellen kann: das Konzept vom »schuldigen Menschen« und vom »tragischen Menschen«. Der »schuldige« Mensch hat die schweren inneren Konflikte zu bewältigen, in die er unvermeidlich gerät, weil seine Triebwünsche immer über das hinausgehen, was die Gesellschaft – und sein internalisiertes Über-Ich – tolerieren können. Der »tragische« Mensch hingegen leidet weniger an seinen inneren Konflikten, sondern eher daran, dass er daran gehindert wird, seinen Lebensentwurf zu verwirklichen. Es ist eben, so Kohut, nicht zu leugnen, »dass Niederlagen des Menschen häufiger sind als seine Erfolge« (1977, S. 120).

Cremerius (1979) hat analog zu Kohuts Unterscheidung vom »schuldigen« und vom »tragischen« Menschen zwei gegensätzliche psychoanalytische Behandlungstechniken unterschieden: eine eher orthodoxe, ich-psychologisch orientierte Behandlungstechnik, also eine vor allem am ödipalen Konflikt (»Kernkonflikt aller Neurosen«) orientierte, »paternistische Vernunfttherapie«, die den Patienten auffordere, seine von ihm selbst gefürchteten inzestuösen oder aggressiven Phantasien und Wünsche einzugestehen, und eine in die Gegenrichtung weisende psychoanalytische Methode der »mütterlichen Liebestherapie« (1979, S. 595) mit Verständnis für das in seiner Kindheit belastete, wenn nicht gar traumatisierte Subjekt. Die Frage des paternistischen Analytikers an seinen Patienten ist demnach: »Was hast du getan?«, während der mütterliche Analytiker eher fragt: »Was hat man dir (du armes Kind) getan?«[7]

4.2 Widerstände

Wir hatten gesehen, dass sich die Übertragungsbeziehung von einer alltäglichen Beziehung (»Realbeziehung«) »nur« dadurch unterscheidet, dass sie »entfesselt« ist. Denn die in alltäglichen Konversationen übliche und sinnvolle gegenseitige Verständigung über den Rahmen der Situation wird durch die Abstinenz des Psychotherapeuten eingeschränkt, sodass der Patient in eine Art Deutungsnotstand gerät und gezwungen ist, zur Beantwortung der Frage »Was ist hier eigentlich los?« auf seine eigenen, großenteils unbewussten Beziehungsmodelle zurückzugreifen. Zum Zweiten sieht sich der Patient ermutigt, frei zu assoziieren und auch Einfälle zu äußern, die ihm unzusammenhängend oder peinlich erscheinen. Der Therapeut verhält sich »triebfreundlich«, das heißt, er wird die Einfälle seines Patienten nicht moralisch bewerten oder gar zensieren.

Dennoch erfordert es einigen Mut und Vertrauen in die Beziehung, sich mit vielleicht kindlichen, destruktiven oder erotischen Phanta-

---

7 So auch der Titel des Buches von Masson (1984), der Freud vorwirft, den überaus häufigen Kindesmissbrauch verharmlost zu haben.

sien zu zeigen. Es sind also Widerstände zu erwarten, vermutlich »wäre der Patient sogar überfordert, wenn er sich immer mit allem, was in ihm entsteht oder was er in Beziehungen wahrnimmt, augenblicklich voll konfrontieren müsste« (König, 1998, S. 60). Auch die Gegenübertragung ruft oft Abwehrbewegungen hervor, sodass wir auf beiden Seiten des therapeutischen Dialogs mit Widerständen rechnen müssen. Wir kennen also Übertragungswiderstände und Gegenübertragungswiderstände.

Der Begriff »*Übertragungswiderstand*« ist mehrdeutig. Zum einen wird er verwendet, um zu bezeichnen, dass die Übertragung *als* ein Widerstand oder *wie* ein Widerstand wirkt. Dabei denken wir zum Beispiel an einen Patienten, der überzeugt ist, dass wir verächtlich über ihn denken, weswegen er es nicht wagen kann, seine spontanen Einfälle zu äußern. Hier wirkt die Übertragung *als* Widerstand, wenn der Patient an seiner Beziehungsphantasie festhält und sich gegen neue Erfahrungen zur Wehr setzt.

Die zweite und häufiger gebrauchte Bedeutung des Begriffs Übertragungswiderstand bezeichnet solche Fälle, in denen sich der Patient dem Erkennen und Durcharbeiten der Übertragung widersetzt. Dabei könnte es sich zum Beispiel um einen Patienten handeln, der daran festhält, dass »dies hier doch keine Beziehung« sei: Der Therapeut gebe sich zwar Mühe, er helfe ihm (hoffentlich) auch, aber er, der Patient, sei doch nur einer unter vielen, mit denen der Therapeut sein Geld verdiene. Dieses Bemühen des Patienten um Distanz ließe sich vermutlich auch als eine Übertragungsmanifestation verstehen, vielleicht als Ausdruck seiner Angst vor zu großer Nähe, aber eine derartige Deutung würde der Patient zunächst zurückweisen und behaupten, dass er ja nur die Realität beschreibe.

Vergleicht man diese beiden Fallvarianten, lässt sich erkennen, dass die Übertragung *als Widerstand* und der Widerstand *gegen das Erkennen der Übertragung* einander ähnlich sind. Denn, wie im zweiten Beispiel beschrieben, es lässt sich der Widerstand gegen die Entfaltung einer Übertragung selbst auch *als* Übertragung verstehen. Ich möchte daher im Folgenden auf diese Unterscheidung verzichten und

eine Systematik von Übertragungswiderständen vorstellen, die sich insbesondere an die Arbeiten von Gill (1982) anlehnt. Gill (1982) unterscheidet drei Varianten des Übertragungswiderstandes:
- Widerstand gegen die Entfaltung der Übertragung,
- Widerstand gegen das Gewahrwerden der Übertragung und
- Widerstand gegen das Durcharbeiten der Übertragung (ähnlich auch König, 1998).

Zunächst zu den Widerständen gegen die *Entfaltung* der Übertragung. Gemeint sind Patienten und Patientinnen, die versuchen, die therapeutische Beziehung »sachlich« zu halten, die Informationen und konkrete Ratschläge wünschen, wie sie ihre Probleme lösen können. Derartige Gespräche wirken dann wie ein Coaching oder wie eine Supervision im klassischen Stil (»Sie haben da etwas übersehen«). Die therapeutische Beziehung selbst soll nicht Gegenstand der gemeinsamen Betrachtung werden, und schon die Frage »Was erwarten Sie jetzt von mir?« erscheint dem Patienten, der Patientin unangemessen.

Nur in seltenen Fällen sind es Patienten, die einfach nicht wissen, worauf sie sich in der analytischen Psychotherapie einstellen müssen (und in diesen Fällen sollte man streng genommen auch nicht von »Widerständen« sprechen). Häufiger begegnen wir solchen Patienten, die aus inneren Gründen unsere Beziehung wie eine Beratungsbeziehung betrachten möchten. Und die sich dagegen sträuben, einzusehen, dass ihre Art, die Beziehung zu gestalten, nicht »selbstverständlich« ist, sondern von ihnen unbewusst absichtlich so eingerichtet wird.

In diesen Fällen ist es sinnvoll und notwendig, ihnen ihre Sichtweise »ich-dyston« (ich-fremd) zu machen, etwa ungläubig zu fragen: »Ach, so sehen Sie unsere Beziehung?« Zwar lautet die Gegenfrage dann oft: »Ja, wie soll ich sie denn sonst sehen?«, aber damit ist dann doch zumindest die Möglichkeit eröffnet, dass man diese Beziehung unterschiedlich gestalten und erleben *kann*. Vielleicht beharrt der

Patient dann auf seiner Sichtweise, aber damit sind wir dann schon bei der zweiten Variante eines Übertragungswiderstandes, nämlich beim Widerstand gegen das *Gewahrwerden* der Übertragung. Hier verlangen wir von unserem Patienten, dass er einsieht, wie er seinen Analytiker wahrnimmt und wie er ihn für sich verwendet. Diese Einsicht ist nur gegen Widerstände zu gewinnen, denn es ist natürlich viel leichter, sich vorzustellen: »Mein Analytiker ist ein Voyeur«, als einzusehen, dass ich ihn so sehen möchte und vielleicht auch zu einem Voyeur verführt habe.

Auch die dritte Variante von Übertragungswiderständen, nämlich der Widerstand gegen das *Durcharbeiten* der Übertragung, stellt uns vor methodische Probleme. Wir werden im Kapitel 5 ausführlich die Methoden der Übertragungsanalyse durchgehen und dabei auch die Arbeit an den Übertragungswiderständen vorstellen.

Schließlich zu den Widerständen aufseiten des Therapeuten oder der Therapeutin, also den *Gegenübertragungswiderständen*. Ähnlich wie vor allem in der Frühzeit der psychoanalytischen Bewegung die Übertragung selbst schon als Widerstand betrachtet wurde, gab und gibt es Autoren, die auch die Gegenübertragung als Widerstand verstanden wissen wollen (Übersicht bei Ermann, 1987). Analog zu unserer Betrachtung der Übertragungswiderstände möchte ich hier vorschlagen, die Unterscheidung zwischen einer »Gegenübertragung als Widerstand« und einem »Widerstand gegen die Entfaltung und das Gewahrwerden der Gegenübertragung« aufzugeben und allein die Frage zu verfolgen, wie Widerstände gegen die Gegenübertragung entstehen und wie schwierig es ist, sie zu erkennen und für den therapeutischen Prozess zu nutzen.

Schon dass der Patient seinen Therapeuten in einer bestimmten, von unbewussten Phantasien geprägten Weise betrachtet, kann bei diesem starke Widerstände hervorrufen. Der Therapeut will nicht so gesehen werden, wie der Patient ihn sieht, sei es, dass er die zugewiesene Rolle als kalter, abweisender Vater nicht spielen will, sei es, dass er sich als idealisiertes Objekt unwohl fühlt. Gegenübertragungswiderstände gegen diese Zuschreibungen sind vielfältig: Sie reichen von einfachen Verleugnungen über Rationalisierungen (»Der Patient meint gar nicht mich, sondern seinen Vater«) bis hin zu Reaktionsbildungen (der Therapeut wehrt seinen Ärger über eine negative Zuschreibung ab, indem er unbewusst besonders freundlich ist). In all diesen Fällen lehnt der Therapeut unbewusst die ihm zugedachte Rolle ab.

Nun hatten wir gesehen, dass der Patient seinen Therapeuten nicht nur subjekthaft wahrnimmt, sondern er verwendet ihn auch für sich. Diese Übertragung als Verwendung kann sehr verführerisch und durchaus manipulativ sein und löst dann oft starke Widerstände aus. Oft bemerkt der Therapeut gar nicht, wie er verwendet wird, er spielt also mit, ohne dessen gewahr zu werden.

Ein junger analytischer Psychotherapeut berichtete über die Behandlung eines Patienten, die aus seiner Sicht sehr zufriedenstellend verlief. Tatsächlich fühlte sich der Patient von ihm sehr gut verstanden, er sei jetzt wohl endlich bei einem »»Könner« gelandet und er erhoffe sich immer neue wegweisende Deutungen. Der Therapeut fühlte sich einerseits geschmeichelt und strengte sich an, in der Therapie mit immer neuen Deutungseinfällen Wirkung zu erzielen. Andererseits fürchtete er sich mehr und mehr, die hohen Erwartungen seines Patienten nicht mehr erfüllen zu können. Als der Patient nach einer Deutung fragte, ob sich der Therapeut ganz sicher sei, fasste sich dieser, angeregt durch den Rat seines Supervisors, ein Herz und sagte: »Nein, ich mache ja auch manchmal einen Fehler.« Der Patient schwieg, dann geriet er in Wut und schimpfte: »Ich will keinen Therapeuten, der Fehler macht!« Und die narzisstische Kollusion, auf die der Therapeut eingegangen war, löste sich in einer Krise auf, spät, aber in diesem Falle nicht zu spät.

Solche »Kollusionen« (Willi, 1972) widersetzen sich hartnäckig der Aufklärung. Sie beruhen auf einem unbewussten Zusammenspiel, einer »Einigung« auf ein gemeinsames Thema (in diesem Falle: »Der Analytiker ist großartig, und der Patient spiegelt sich in ihm«). Anders ausgedrückt: »Die Identifikation mit den Übertragungsprojektionen bleibt uns unbewusst« (Ermann, 1987, S. 106), bis sie, das ist fast unvermeidlich, dann doch scheitert.

Widerstände gegen das Gewahrwerden der Gegenübertragung sind umso hartnäckiger, je mehr wir den Projektionen unseres Patienten unbewusst »entgegenkommen«, wie im oben geschilderten Beispiel einer narzisstischen Kollusion. Aber niemals werden wir genau unterscheiden können, was der Patient uns projektiv anträgt und was wir ihm anbieten – wir können (und sollen) ja gar nichts anders, als uns mit unseren eigenen inneren Objekten einzubringen.

Weil kein Therapeut sicher sein kann, seine Gegenübertragungswiderstände sicher zu erkennen, sind kollegiale Supervisionen so notwendig, um eine Arbeit auf hohem professionellem Niveau dauerhaft zu ermöglichen.

4.3 Die Übertragungsliebe

Ich hatte schon beschrieben, dass die Analytiker um Sigmund Freud von der Intensität der Übertragungsphantasien und -wünsche ihrer Patientinnen (es waren überwiegend Frauen) überrascht worden waren. Die zahlreichen Beispiele sexuellen Missbrauchs ließen Freud befürchten, dass »die ganze psychoanalytische Bewegung in Verruf geraten könnte« (Pfannschmidt, 2008, S. 173). Und es war ja auch die Beziehung C. G. Jungs zu seiner Patientin Sabina Spielrein, in die Freud eingeweiht war, die Anlass für ihn war, seine »Bemerkungen über die Übertragungsliebe« (Freud, 1915) zu schreiben.

Obgleich es auch in den folgenden Jahrzehnten zahlreiche Fälle sexuellen Missbrauchs in der Psychotherapie gab, wurde das Thema erst in der zweiten Hälfte der 1980er Jahre in der Fachliteratur aufgegriffen, durch Berichte betroffener Patientinnen (Anonyma, 1988; Augerolles, 1989) und psychoanalytische Autoren wie Carotenuto (1986), Cremerius (1986, 1987) und vor allem Krutzenbichler (2008) und Krutzenbichler und Essers (1991, 2008, 2010).

Es bleibt aber Freuds Verdienst, dass er zwar mit einem »defensiven« Abstinenzkonzept (Körner u. Rosin, 1985) versuchte, die Analytiker auf größte Zurückhaltung zu verpflichten, aber er regte niemals an, die Übertragung der Patienten (wie die Gegenübertragung der Therapeuten) »niederzuhalten« oder zu umgehen. Er war überzeugt, »jede psychoanalytische Behandlung [sei] ein Versuch, verdrängte Liebe zu befreien«, und es sei unvermeidlich, dass die in der Analyse »wiedergeweckte Leidenschaft, sei es Liebe oder Haß, jedesmal die Person des Arztes zu ihrem Objekt wählt« (Freud, 1907, S. 118). So sehr sich Freud der »Gefährlichkeit« der Arbeit in der Übertragung bewusst war, hielt er es doch für ganz falsch, die Patientinnen und Patienten »zur Triebunterdrückung, zum Verzicht und zur Sublimierung aufzufordern« (1915, S. 312).[8]

Wie hier schon erwähnt, mahnte Freud auch, den Gefühlen unserer Patienten nicht die Ernsthaftigkeit abzusprechen, und er unterschied die Übertragungsliebe durchaus nicht von einer »echten« Verliebtheit. Die bis heute oft vorgeschlagene Unterscheidung zwischen einer Übertragungsbeziehung einerseits und einer Realbeziehung andererseits lässt sich mit Freud also nicht begründen. Diese Unterscheidung wie auch das dazu passende Konzept von der »therapeutischen Ich-Spaltung« sind Erfindungen ängstlicher Analytiker (Körner, 1989b), die sich vor dem »Schwefelgeruch des Leibhaftigen« (Krutzenbichler, 2008, S. 33) fürchteten. Heute noch scheint es, als schätzten die Psychotherapeuten die Liebesübertragung als sehr viel gefährlicher ein als eine sehr negative Übertragung. Das liegt vielleicht auch daran, dass negative Übertragungen nicht selten zum Abbruch der Behandlung führen und schon deshalb weniger häufig in Publikationen beschrieben werden.

Bis heute sind die beiden Überzeugungen Freuds von der (1) Unvermeidbarkeit intensiver Gefühle und Phantasien in der analytisch-therapeutischen Beziehung und von der (2) Vergeblichkeit der

---

8 In seiner eigenen Arbeit hielt er sich nicht immer ganz strikt an diese Regel, worauf Krutzenbichler und Essers (2010, S. 164) hinweisen.

Bemühung, die Übertragungsliebe von einer »echten« Liebe zu unterscheiden, unter psychoanalytischen Autoren sehr umstritten. Zahlreiche Autorinnen und Autoren, wie zum Beispiel Kernberg (1994), geben sich große (aber oft nicht überzeugende) Mühe, die Übertragungsliebe doch von einer echten Liebe zu unterscheiden. Andere, wie zum Beispiel Ethel Person (1994), warnen sogar vor der Gefährlichkeit der Liebesübertragung und betonen ihren Widerstandscharakter.

In jüngerer Zeit mehren sich aber die Stimmen, die eine Unterscheidung zwischen Übertragungsliebe und »echter« Liebe infrage stellen. Sie können sich dabei ja auf Freud berufen: »Freud fragte sich zu Recht, welche Liebe keine Wiedererstehung infantiler Situationen oder Objektwahlen darstelle. Übertragungsliebe ist daher echte Liebe« (Canestri, 2001, S. 188 f.), und man könnte hinzufügen: Und Liebe – oder zumindest die Verliebtheit – ist immer auch Übertragung, also eine »entfesselte« und entsublimierte Alltagsbeziehung.

Das Phänomen der Übertragungsliebe ist gut geeignet, das hier vertretene Übertragungskonzept noch einmal zu erläutern: Die Unterscheidung von Realbeziehung und Übertragungsbeziehung ist überflüssig, sie wurde wohl auch aus Abwehrgründen eingeführt. Auch Alltagsbeziehungen werden von unbewussten Phantasien geprägt (dies gilt sicher ganz besonders im Falle von Verliebtheit), aber sie sind weit weniger auffällig, denn im Alltag halten wir Gefühle und Phantasien, die »aus dem Rahmen fallen« würden, weitgehend unbewusst, während wir im analytischen Rahmen aufgrund der dort eigentümlichen Unbestimmtheit und Toleranz, vor allem aber unter den Bedingungen der freien Assoziation und der Abstinenz die Beziehungsphantasien und -wünsche »entfesseln«, sodass sie klarer, aber auch drängender und kompromissloser erscheinen dürfen.

Zahlreiche Autoren betonen, dass Übertragungen – und insbesondere die Übertragungsliebe – »infantil« seien und »eigentlich« einer Person aus der frühen Zeit des Patienten gelten. Mit dieser Überzeugung (»Die Patientin meint ja gar nicht mich!«) kann man sich ja vielleicht beruhigen, wenn man sich wieder einmal von den »Klauen der Übertragungsneurose« (Greenson, 1975, S. 204) gepackt fühlt. Man könnte sich dabei auch auf Freud berufen, der, wie schon zitiert, von Übertragungen als von einem »Irrtum in der Zeit« sprach. Aber: Dieser »Irrtum« und das »Infantile« sind nicht so zu verstehen, dass der Patient seinen Analytiker mit einer Person aus seiner Kindheit »verwechselt«, sondern »infantil« ist die Übertragungsliebe nur insofern, als sie nicht nur »entfesselt« ist von konventionell geforderten Abwehrprozessen einer Alltagskonversation, sondern auch zurückschreitet hinter frühe Sublimierungen, mit denen das Kind von damals ödipale, vielleicht inzestuöse Phantasien zu bewältigen suchte.

Es ist also nicht einfach »der Vater«, den das Kind von damals im Therapeuten anspricht, sondern es ist die intensive, präödipale Liebe des kleinen Kindes, die noch frei war vom Sublimierungszwang des Inzesttabus. Deswegen kann sich die Übertragungsliebe in der Psychotherapie so unverblümt an den Therapeuten richten. Die Patientin meint ihn (oder der Patient meint sie, die Therapeutin); ihre (seine) Liebe »irrt« sich nicht, sondern sie erscheint in einer frühkindlichen, eben entsublimierten Fassung.

Andererseits: Es ist der erwachsene Patient, der sich mit einer entsublimierten, also »regredienten« Übertragungsliebe an seinen Therapeuten wendet, und diese Mischung aus kleinkindhafter Unbedingtheit einerseits und dem Begehren eines Erwachsenen andererseits ist es, die heftige Gegenübertragungen auslösen kann.

5 Methoden der Übertragungsanalyse

5.1 Arbeit an der Übertragung, Arbeit in der Übertragung

In meinem historischen Überblick hatte ich zwei Übertragungskonzepte unterschieden: das eine, ältere, betrachtet in der Übertragung vor allem die Fehlwahrnehmung und erkennt sie daran, (1) dass sich der Patient offensichtlich im Analytiker irrt, und (2) vor allem daran, dass sie dem Verhalten des Patienten eine charakteristische Stereotypie aufdrückt, die sich auch gut in seinen Alltagsbeziehungen erkennen lässt. Ein Patient also, der in seinen Alltagsbeziehungen seine Unabhängigkeit betont und eigene Bindungswünsche unterdrückt, wird dies auch in der analytischen Beziehung zu erkennen geben. Und einer, der in seiner Beziehung zu seinem Analytiker verbissen um seine Autonomie kämpft, wird auch in seinen anderen sozialen Beziehungen jegliche Abhängigkeiten vermeiden. Übertragungen sind also, so betrachtet, Dispositionen zu einem bestimmten, für diesen Menschen »typischen« Verhalten und sie sind diagnostisch oft schon in ihren Wiederholungen zu erkennen.

Es scheint daher nahezuliegen, dem Patienten seine Übertragungsneigung dadurch vor Augen zu führen, dass wir ihn auf die für ihn charakteristischen Wiederholungen hinweisen: »Jetzt haben Sie sich gegen Ihren Chef gleich verteidigt, obgleich er Sie gar nicht angegriffen hatte. Sie erwarten offenbar immer schon die Entwertung, wie Sie es schon bei Ihrem Vater erlebt haben.« Charakteristisch für diese Methode der Übertragungsanalyse sind die häufigen Rekonstruktionen (»wie bei Ihrem Vater«), die einen biografischen Zusammenhang herstellen, der den Patientinnen und Patienten auch oft genug einleuchtet.

In einer empirischen Untersuchung hat Gumz (im Druck) achtzig Psychotherapeutinnen und -therapeuten gefragt, was sie unter einer Übertragungsdeutung verstünden. Von sieben möglichen Antworten wählten die Befragten diejenige Deutungsvariante am häufigsten, die eine »Parallele zwischen historischer Außenbeziehung und Therapiebeziehung« herstellt.

Ich habe diese Analysemethode die »Arbeit *an* der Übertragung« genannt (Körner, 1989a, 2014), weil sie wie von außen auf die sich wiederholenden Beziehungskonflikte schaut. Eine solche objektivierende Distanz können wir auch dann annehmen, wenn wir die Übertragungsneigung unseres Patienten in der Beziehung zu uns erkennen: »Wenn wir auf unsere Stunde heute zurückblicken, können wir wohl sehen, dass Sie mir einige Male widersprochen haben. Ich vermute, dass es Ihnen vor allem darum ging, sich nicht vorschnell anzupassen, sondern Ihre Eigenständigkeit zu bewahren. Das kennen wir ja schon ganz gut aus Ihren Konflikten mit Vorgesetzten. Wenn Sie aber diese Neigung, sich unbedingt zu behaupten, überwinden würden, hätten Sie es gewiss etwas leichter im Leben.«

Auch diese Deutung ist »an« der Übertragung formuliert, weil sie mit Distanz auf die therapeutische Beziehung schaut, die sich so einreiht in eine Serie thematisch ähnlicher, konflikthafter Beziehungsszenen des Patienten. Deutungen an der Übertragung wirken oft einleuchtend, jedenfalls kann der Patient ihnen nicht gut widersprechen. Sie dienen vor allem der Anschauung und legen einen thematischen »roten Faden« in das Leben der Patientinnen und Patienten. Es muss aber fraglich bleiben, ob und inwieweit diese Deutungen nicht nur der Anschauung, sondern auch der Veränderung dienen.

Das zweite, historisch jüngere Übertragungskonzept hatte ich »Übertragung als Verwendung« genannt. Dem liegt die Erfahrung zugrunde, dass Patienten ihre Therapeuten nicht nur in einer bestimmten, für sie typischen (und vielleicht irrtümlichen) Weise wahrnehmen, sondern sie verwenden sie auch zur Bewältigung ihrer inneren Konflikte. Wenn die Therapeuten die ihnen angebotenen Rollen annehmen und nicht zurückweisen, aber diese Rollenübernahme doch begrenzen, erhält der Patient die Chance, seine inneren Konflikte als Beziehungskonflikte mit seinem Therapeuten hier und jetzt zu erleben und durchzuarbeiten. Das hatte ich Arbeit »in« der Übertragung genannt.

Häufig verhalten sich Patienten zum Beispiel sehr provokant, um ablehnende Reaktionen hervorzurufen. Sie sind unbewusst davon überzeugt, dass man sie nicht lieben kann und nur loswerden möchte. Der Analytiker sollte dann seinen Ärger über die Provokationen nicht abwehren und mit einer Reaktionsbildung in Freundlichkeit verwandeln (»Sie können mich nicht ärgern!«), sondern seine Gegenübertragung wahrnehmen und zur Verfügung stellen: »Ich fühle mich von Ihnen provoziert. Ich glaube, insgeheim sind Sie davon überzeugt, dass ich Sie nur loswerden möchte. Sie suchen eine Bestätigung für diese Gewissheit, indem Sie mich so provozieren.«

Diese Arbeit *in* der Übertragung ist insofern anspruchsvoller, als der Therapeut oder die Therapeutin nicht nur die Rolle des distanzierten Beobachters verlässt, sondern selbst mitwirkt und sich dieser Mitwirkung auch bewusst ist. Schwieriger ist diese methodische Einstellung auch deswegen, weil nun die Abstinenzregel nicht mehr so einfach zu definieren ist. In der Arbeit *an* der Übertragung ist es viel klarer: Der Therapeut hält sich weitgehend zurück. Vielleicht zeigt er sich dosiert mit seinen Gegenübertragungsgefühlen (»Ich spüre, wie misstrauisch Sie sind«), aber er wird seine Mitwirkung etwa an einem Konflikt in der Übertragungsbeziehung nicht offenlegen – sofern er sie überhaupt wahrnimmt.

5.2 Was wirkt?

Greifen wir noch einmal die Unterscheidung zwischen der Übertragung als Irrtum, als Fehlwahrnehmung, einerseits und Übertragung als Verwendung andererseits auf. Wenn wir die Übertragung als Irrtum betrachten, arbeiten wir eher *an* der Übertragung, wenn wir in der Übertragung vor allem erkennen, wie der Patient uns hier und jetzt verwendet, arbeiten wir notwendigerweise *in* der Übertragung.

Die Arbeit *an* der Übertragung ist dadurch wirksam, dass der Patient die in seinem Leben sich wiederholenden Muster innerer und äußerer Konflikte erkennt und dass er einsieht, wie er seinen Therapeuten betrachtet, als wäre er eine Person aus seiner Kindheit, dass er ihn also gleichsam mit ihr verwechselt. Derartige Erkenntnisse vergrößern die Handlungsfreiheit des Subjekts, das ist die alte aufklärerische Kernidee der Psychoanalyse. Denn nur über diejenigen Einstellungen, Konfliktbereitschaften und Handlungsgründe, die mir bewusst sind, kann ich verfügen, ich kann mich auch gegen sie entscheiden, während unbewusste Motive wie Ursachen wirken: Sie zwingen uns.

Konkret: Wenn ein Patient zum Beispiel gelernt hat, dass er dazu neigt, sich in Konflikten unbedingt und oft unangemessen behaupten zu wollen, kann er diese Einsicht nutzen, um sich bei nächster Gelegenheit anders und situationsangemessen zu verhalten. Das wäre zweifellos ein Fortschritt.

Die Arbeit *in* der Übertragung ist dadurch wirksam, dass der Patient nicht nur erkennt, wie er seinen Analytiker wahrnimmt und wie er ihn verwendet, sondern auch die Chance erblickt, seine bisherigen Beziehungsentwürfe auf die Probe zu stellen und zu korrigieren. Dazu braucht er einen Psychotherapeuten, der sich – bis zu einem gewissen Grad – verwenden lässt und mit dem Patienten neue Beziehungserfahrungen erprobt. Ich erinnere an jene Patienten, die überzeugt sind, nicht liebenswert zu sein, die also auch sicher sind, dass der Therapeut sie am liebsten loswürde, und die so provokant auftreten, dass der Therapeut oder die Therapeutin wirklich den Impuls spürt, sie wegschicken zu wollen – darin liegt die Verwendung.

Es wäre falsch, diesen Impuls zu verleugnen, etwa um dem Patienten zu zeigen, wie sehr er sich im Therapeuten irrt – tatsächlich irrt sich der Patient ja gar nicht, denn sein Therapeut ärgert sich ja wirklich. Außerdem weiß der Patient vielleicht recht gut, wie er auf den

Therapeuten wirkt. Also wird der Therapeut darüber sprechen, dass er sich tatsächlich provoziert fühlt, aber er wird dem Patienten auch erklären, wie und wozu er seinen Therapeuten verwendet. Der Patient soll sich so ermutigt fühlen, seinen alten Beziehungsentwurf zu korrigieren und Neues zu wagen.

Aber dann wird sich zeigen, wie schwer es ist, die alten Verwendungsmuster aufzugeben. Denn die Übertragung des Patienten (»Ich werde sowieso nicht geliebt«) beruht ja nicht bloß auf einem Irrtum, den man praktischerweise korrigieren könnte. Sondern der Patient hatte starke innere Gründe, die ihn zwangen, diese Art der Verwendung (»Sie wollen mich bestimmt wegschicken«) durchsetzen zu wollen. Zum Beispiel könnte er in seinen frühen Beziehungserfahrungen eine ambivalente Mutter erlebt haben, die ihr Kind gerade in Phasen der Annäherung ganz überraschend von sich stieß, sodass es seine Nähewünsche zunehmend hinter der Gewissheit verbarg, sowieso abgelehnt zu werden.

Man kann recht gut berechnen, dass in solch einem Falle die Wahrscheinlichkeit, Nähe zu wagen, von Jahr zu Jahr immer geringer wird und schließlich ganz gegen null geht (Körner u. Wysotzki, 2006). Denn der Patient, der sich im Alltag oder in der therapeutischen Situation vor die Frage gestellt sieht, ob er gegen seine unbewusste Überzeugung doch Vertrauen fassen soll, geht subjektiv ein großes Wagnis ein. Er schätzt unbewusst die folgenden Risiken ab: Was riskiere ich, wenn ich (1) vertrauensvolle Nähe wage, und was riskiere ich, wenn ich (2) bei meinem Misstrauen bleibe? Im ersten Fall riskiere ich, dass ich zu Unrecht vertraut habe und wieder hereinfalle, im zweiten, dass ich zu Unrecht misstraut habe und mir ein freundlicher Kontakt entgeht. Das Risiko zu (1) ist subjektiv sehr viel größer als das zu (2), deshalb liegt es dem Patienten durchaus nicht nahe, die gewohnte Einschätzung der Situation gegen eine neue, viel riskantere einzutauschen.

Dieses Erklärungsmodell der Risikoeinschätzungen lässt sich verallgemeinern: Es ist in der Regel für den Patienten riskanter, neue Beziehungsmodelle zu erproben, als die alten zu wiederholen. Deshalb ist Veränderung so schwer. Sampson und Weiss (Weiss, 1992) haben beschrieben, wie Patienten ihre pathogenen Überzeugungen von Beziehungen in der therapeutischen Situation testen und ihre Therapeutinnen und Therapeuten auf die Probe stellen. Ich vermute, dass dieses Hypothesentesten sehr häufig zu einer Bekräftigung der »bewährten« pathogenen Überzeugungen führt. Nichts anderes besagt der Begriff des »Wiederholungszwangs«, der zuweilen etwas mystifiziert wird, aber mit den Konzepten von der Risikoeinschätzung und dem Hypothesentesten auf eine rationalere Grundlage gestellt werden kann.

Die Frage »Was wirkt?« haben Alexander und French (1946) mit ihrem sehr einflussreichen Konzept von der »corrective emotional experience« beantwortet. Ihr Vorschlag, der Patient möge in seiner Therapie eine Beziehung erleben, die ihn ermutige, seine pathogenen Überzeugungen (»Ich werde sowieso abgelehnt«) zu korrigieren, wurde zuweilen als sehr schlichte Aufforderung verstanden, man möge dem Patienten in einer Art »Rollenspiel«, wie König (1982) etwas spöttisch anmerkte, bewusst diejenigen Beziehungserfahrungen stiften, die ihm bislang gefehlt hätten. Schon die Übersetzung des Begriffs »experience« mit »Erfahrung« (statt »Erleben«) ist problematisch, sie lenkt den Blick darauf, was wirklich geschieht in der Psychotherapie, und vertraut zu sehr auf die Effekte realen Geschehens.

In meiner Ausbildung zum Psychoanalytiker habe ich einen Kollegen in der Ausbildungsgruppe beneidet, dessen Analytikerin ihm zum Geburtstag immer einen kleinen, hübsch gedeckten Tisch mit Blumen und Geschenken bereitete. Er war in der Vorstellung aufgewachsen, dass seine Mutter es nie vermocht habe, ihm »wirklich« ihre Liebe zu zeigen, und er war natürlich zunächst beglückt über die liebevollen Gesten seiner Lehranalytikerin. Ich kannte ihn gut, in Wahrheit war er ein verwöhnter junger Mann, der bei aller Zuwendung in seiner Familie daran festhielt, nicht wirklich geliebt zu werden. Und natürlich fand er auch das Ritual mit dem gedeckten Geburtstagstisch nicht überzeugend ...

Wenn man die »experience« im Konzept von der »corrective emotional experience« nicht mit »Erfahrung«, sondern mit »Erleben« übersetzt, lenkt man die Aufmerksamkeit auf den Prozess der Verarbeitung dessen, was in der therapeutischen Beziehung geschieht. Und dann kann verständlich werden, weshalb ein Patient, der überzeugt ist, abgelehnt zu werden, die Freundlichkeit seines Analytikers auch dann, wenn sie ganz echt ist, spontan umdeutet in »scheißfreundlich« oder »nur gespielt«. Auch konfrontative Deutungen (»Sie halten daran fest, dass meine Freundlichkeit nur gespielt ist«) helfen in diesen Situationen wenig. Und gänzlich sinnlos wären Versuche, den Patienten mit »empirischen« Beweisen überzeugen zu wollen: »Wieso korrigieren Sie Ihre Erwartungen nicht, obwohl Sie doch schon so viele positive Beziehungserfahrungen gemacht haben?«

Dass es so schwer ist, Beziehungserwartungen zu korrigieren, die auf frühe, prägende Erfahrungen zurückgehen, lässt sich mit neuropsychologischen Theorien recht gut erklären. Wir müssen nämlich unterscheiden zwischen solchen Gedächtnisinhalten, die nach dem Spracherwerb niedergeschrieben, also im »deklarativen« Gedächtnis gespeichert wurden, und solchen, die in frühester Zeit (nur) in das »prozedurale« Gedächtnis aufgenommen wurden. Prozedurale Gedächtnisinhalte sind nicht sprachlich kodiert und können auch nicht mit sprachlichen Mitteln korrigiert werden.

Sehr häufig erleben wir in Psychotherapien Beziehungsstörungen, die darauf zurückzuführen sind, dass Patienten in den ersten Lebensmonaten aufgrund einer Erkrankung in der Klinik bleiben mussten und so von der Mutter getrennt waren. Im ungünstigsten Fall hatte die Mutter von damals auch nicht die Gelegenheit (oder nicht das Interesse), ihren Säugling regelmäßig zu besuchen, um einen tragfähigen emotionalen Kontakt zu knüpfen. Diese Patientinnen und Patienten schildern zuweilen ihre Gefühle von Verlassenheit und Hilflosigkeit, aber das sind Versuche, ihre Ratlosigkeit in ihren Beziehungen heute durch ein »Zurückphantasieren« zu bebildern.

Roth (2013) ist daher der festen Überzeugung, dass psychoanalytische Deutungen, die einen biografischen Zusammenhang möglicherweise korrekt darstellen, in den meisten Fällen wirkungslos sein müssen, weil sie ein frühkindliches, prozedural gespeichertes Beziehungserleben (und seine Verarbeitung) nicht erreichen. Diese recht gut begründete Auffassung relativiert natürlich die klassische psychoanalytische Überzeugung von der Wirksamkeit der Deutungen, die auf Einsicht zielen. Roth meint, dass die Rolle der Einsicht im Prozess psychotherapeutischer Veränderung lange Zeit weit überschätzt wurde. Nach seiner Ansicht können frühe pathogene Erfahrungen nicht durch Deutungen korrigiert, sondern nur durch intensive Beziehungserfahrungen hier und jetzt »überlernt«, also überschrieben werden. Die Arbeit in der Übertragung zielt auf dieses »Überlernen«.

Es ist noch unklar, wie wir uns dieses »Überlernen« vorstellen sollen. Sicher ist jedenfalls, so Roth (2013): Das »aufklärende Wort bewirkt nichts im kognitiv-rationalen Sinn, sondern über nicht-verbale Konnotationen: Intonation, Mimik, Gestik, das ist die prozedurale Ebene.« Man darf also nicht hoffen, dass verbale Deutungen das Unbewusste bewusst machen können. Und es könnte genügen, dass sich der Patient ermutigt fühlt, mit seinem Analytiker einen neuen Beziehungsversuch zu unternehmen. Vielleicht ist es dann auch nicht notwendig, »dass eine gelungene Entwicklung von einer emotional-prozeduralen Kodierung zu einer symbolischen Kodierung voranschreiten« muss (Mertens, 2009, S. 134).

5.3 Die Vorleistungen des Analytikers

Meine erste Patientin, die ich im Rahmen meiner Ausbildung zum Psychoanalytiker behandelte, war eine Frau mit phobischen Ängsten, die in Panik geraten konnte, wenn sie das Gefühl hatte, festgehalten zu werden. Die Behandlung verlief recht erfolgreich, die Patientin schien zufrieden zu sein und überlegte, noch vor dem Erreichen der vereinbarten Stundenzahl die Analyse zu beenden. Diese Idee versetzte mich in Angst, denn als Ausbildungsfall wäre sie damit unter der Mindeststundenzahl geblieben. In den folgenden Tagen habe ich mit Unterstützung meiner Supervisorin verstanden, dass ich, je weiter die Behandlung fortschritt, immer mehr zu fürchten begann, die Patientin könnte mich verlassen und mich in meiner Ausbildung zurückwerfen. Wir vermuteten, dass sie spürte, wie ich sie festhalten wollte, und sich gerade deswegen loszureißen versuchte. Die Patientin hatte meine Neigung, sie festzuhalten, noch verstärkt, indem sie laut darüber nachdachte, vorzeitig aufzuhören.

Meine Supervisorin riet mir, auch in meiner Lehranalyse darüber nachzudenken, was mir diese Patientin bedeutete, sodass ich sie unbedingt festhalten wollte. Und mir wurde klar, dass es nicht nur reale Gründe waren, deretwegen ich die Patientin nicht loslassen wollte. Es war ja meine erste Patientin überhaupt, und sie bedeutete mir schon deswegen sehr viel. Aber in der Supervisionssitzung gelang es mir, sie »loszulassen«, und ich konnte mir vorstellen, dass ich sie, der es ja tatsächlich besser ging, ziehen ließe. Die Patientin muss meine Einstellungsänderung bemerkt haben und sie sagte von sich aus: »Ich hatte das Gefühl, Sie wollten mich nicht gehen lassen. Aber wenn ich gehen kann, dann kann ich auch bleiben.« Und sie blieb noch über die schon vereinbarte Zeit hinaus.

Es hatte also ein unbewusstes Zusammenspiel gegeben zwischen meiner Patientin und mir. Und meine »Vorleistung« bestand darin, meinen zunächst unbewussten Wunsch, sie festzuhalten, aufgeben zu können. Es lässt sich in der Nachbetrachtung nicht rekonstruieren, ob ich auf die Übertragung (»Ich habe Angst, festgehalten zu werden«) reagiert hatte oder ob ich mit meiner Angst (also einer eigenen Übertragung) bei meiner Patientin erst den Wunsch, sich loszureißen, provoziert habe. Das kann auch unentschieden bleiben; wichtig ist aber, dass es wohl meiner »Vorleistung« bedurfte, um diesen Knoten zu lösen.

Der Begriff der »Vorleistung« stammt von Wolfgang Loch (1965, S. 21), der beschrieb, wie wir die inneren Konflikte, die uns der Patient oder die Patientin mit der Übertragung anbietet und in die wir – mehr oder weniger bewusst – »einsteigen«, selbst durcharbeiten müssen. Ermann (1987) spricht von einem »inneren Integrationsprozess« und schildert ein Fallbeispiel, in dem eine Patientin in großem Hass auf ihre Weiblichkeit beschließt, sich die Gebärmutter entfernen zu lassen. Der Behandler spürt eine große Wut, die er aber abwehrt, indem er sich um eine betont neutrale Haltung bemüht. Aber am Morgen vor der geplanten Operation entschließt er sich doch, seiner Patientin seine Bedenken mitzuteilen. Die Patientin reagiert: »Ich glaube, dass Sie mich als Frau nicht mochten und das nur nicht wahrhaben wollten« (1987, S. 104), und sagt die Operation ab.

Die Vorleistung des Analytikers bestand in diesem Falle wohl darin, dass er den Hass der Patientin auf ihre Weiblichkeit, den sie in ihm »untergebracht« hatte, nicht mehr abwehrte, sondern zuließ, insofern also integrierte, sodass er für die Patientin auch erlebbar und begrenzbar wurde.

Dass solche »Vorleistungen« häufig vorkommen (müssen), ist nicht schwer zu erklären. Denn Patienten verwandeln sehr häufig ihre inneren Konflikte in soziale Konflikte, indem sie ihrem Therapeuten eine von zwei komplementären Rollen zuweisen, etwa, um sie dort zu bekämpfen. Einen Selbstwertkonflikt zum Beispiel kann ein Patient dadurch zu »lösen« versuchen, dass er sich selbst herabsetzt (»Ich bin heute wohl langweilig«) und im Therapeuten den spontanen Impuls auslöst, ihn zu beruhigen. Die Vorleistung des Therapeuten besteht in diesem Beispiel (Körner, 2014) darin, dass der Therapeut seine Angst überwindet, den Patienten durch ein »Ja, das stimmt« zu kränken, sodass der Patient dieses integrierte »Ich darf auch langweilig sein« annehmen kann und sich wie befreit fühlt.

5.4 Krisen und ihre Bewältigung

In den letzten Jahren befassen sich einige Autoren (z. B. Safran, Muran u. Eubanks-Carter, 2011) mit den in der therapeutischen Beziehung auftretenden Krisen und ihrer Bewältigung. Während noch vor drei oder vier Jahrzehnten insbesondere bei Vertretern der humanistischen Verfahren – zum Beispiel der Gesprächspsychotherapie[9] – eine Beziehungskrise im Verlauf einer Psychotherapie als Zeichen mangelnden empathischen Verständnisses des Therapeuten gewertet wurde, herrscht heute wohl Übereinstimmung darüber, dass Beziehungskrisen kaum vermeidbar sind. Sie »gehören zum therapeutischen Alltag« (Gumz, 2012, S. 262) und können den Erfolg einer Therapie gefährden, aber sie können und sollen auch Chancen eröffnen.

Dass sich Beziehungskrisen kaum vermeiden lassen, ergibt sich aus dem »Interaktionsvorbehalt« des psychodynamischen Psychotherapeuten: Dieser lässt sich zwar – bis zu einem gewissen Grad – verwenden, nimmt also die ihm angetragene Rolle an, aber er spielt sie nicht vollends mit. Wieder am Beispiel des provokanten Patienten, der »weiß«, dass alle ihn wegschicken möchten: Der Therapeut ärgert sich wirklich, benennt auch seinen Ärger, aber er schickt seinen Patienten nicht weg.

Immer wenn wir unsere Verwendung begrenzen, enttäuschen[10] wir den Patienten, weil wir ihm die in seinem Alltag gewohnte Antwort, also das »Mitspielen«, vorenthalten. Wenn wir uns also nicht erpressen lassen von der enttäuschten Patientin, die »für das Geld doch etwas mehr erwarten darf«, oder wenn wir uns nicht verführen lassen und nicht einstimmen in die Klage über die kaltherzige Ehefrau unseres Patienten, generieren wir unvermeidlich eine Beziehungskrise. Denn die Reaktion, die der Patient im Alltag von seinen Bezugspersonen erwarten durfte, bleibt diesmal aus. Aber wir wenden uns auch nicht ab, wir erhalten die Beziehung über dem Zerwürfnis und machen es zu unserem Gegenstand.

Die hier vorgestellte Methode der Arbeit *in* der Übertragung verlangt also vom Therapeuten eine gewisse Konfliktbereitschaft, wenn

---

9 Sie wurde zeitweilig ja auch ausdrücklich und in Abgrenzung zur patriarchalen Psychoanalyse als »nondirektive Psychotherapie« bezeichnet.
10 »enttäuschen« als buchstäbliches »ent-täuschen«, also einer Täuschung gewahr werden.

er sich nur begrenzt verwenden lässt. Denn der Patient muss mit seinem Übertragungsentwurf scheitern, damit sein »Anliegen« überhaupt erkennbar wird. Solange der Therapeut »mitspielt«, das heißt, solange er die Beziehungserwartungen seines Patienten einlöst, fehlt der Anstoß zur Veränderung.

In meinen Supervisionen gewinne ich zuweilen den Eindruck, dass die jungen Kollegen dem therapeutischen Prozess zuschauen, als säßen sie an einem Fluss, den sie vor sich vorbeiziehen lassen. Sie vertrauen darauf, dass ihre Patienten ihre inneren Konflikte in ihren Assoziationen schon zur Sprache bringen werden, so wie sich ja auch die Übertragung spontan einstellen sollte. Diesen Kolleginnen und Kollegen rate ich, ihren Beobachterposten aufzugeben und sich ihren Patienten »in den Weg zu stellen«, zum Beispiel, wie in einem konkreten Fall, den Widerstand einer Patientin zu thematisieren, die viele hundert Stunden lang das Thema ihrer eigenen Sexualität erfolgreich umgangen hatte. Sich derart »in den Weg zu stellen« fühlt sich an, wie wenn man sich in einen Fluss stellt: Man spürt den Druck der Strömung und die Versuchung, sich einfach treiben zu lassen oder, noch besser, wieder ans sichere Ufer zurückzukehren.

Was geschieht, wenn der Therapeut die Beziehungserwartungen seines Patienten nicht erfüllt? Viele Patientinnen und Patienten reagieren zunächst so, dass sie ihre Bemühungen, uns zu verwenden, ärgerlich verstärken.

Ich denke da an eine Patientin, die ich vor vielen Jahren in einer Klinik behandelt habe. Sie provozierte mich, das Pflegepersonal und auch ihre Mitpatienten, und lange Zeit sah es so aus, als müsste sie wirklich entlassen werden. Meine anfänglichen Deutungen, dass sie mich mit ihrem abweisenden Verhalten provoziere, beantwortete sie mit verstärkten Entwertungen (»Sie können Ihre Lehrbuchweisheiten für sich behalten!«). Und beinahe wäre sie wirklich entlassen worden.

Andere ziehen sich zurück und drohen vielleicht mit Abbruch, weil sie lieber das Ende der therapeutischen Beziehung in Kauf nehmen als ein Scheitern ihrer Beziehungserwartung erleben zu müssen. Denn, wie schon beschrieben: Eine Beziehungserwartung wie »Ich werde sowieso nicht geliebt« beruht ja nicht einfach auf einem Irrtum, den man rasch und vielleicht sogar erfreut korrigieren könnte, sondern sie stellt eine kompromisshafte Lösung dar, mit der sich der Patient vor erneuten schweren Enttäuschungen schützen will. Er kann sie nicht einfach aufgeben.

Diese zwei Varianten, mit denen Patienten auf Beziehungskrisen (»Ruptures«) reagieren, nämlich die ärgerliche und die mit Beziehungsabbruch drohende, wurden schon mehrfach beschrieben (Muran, 2002; Safran u. Muran, 1996; Safran et al., 2011, kommentiert bei Staats, 2017): In der »Konfrontationsrupture« drückt der Patient seine Unzufriedenheit und seinen Ärger direkt aus, mit der »Rückzugsrupture« nimmt er Distanz zum Therapeuten auf und zieht sich zurück.

Patienten unterscheiden sich in ihrer Bereitschaft, intensive Übertragungsphantasien und -gefühle zu entwickeln. Insbesondere Patientinnen und Patienten mit niedrigem Strukturniveau oder mit schwerwiegenden Entwicklungsdefiziten entfalten oft sehr intensive, drängende Übertragungen, die insofern wie »entfesselt« scheinen, als sie sich nicht erst als Folge der spezifischen Situation einer psychodynamischen Psychotherapie (freie Assoziation, gleichschwebende Aufmerksamkeit, Abstinenz) entwickeln, sondern oft schon von der ersten Stunde an die Beziehung stark prägen. Diese imperativen Übertragungen lösen im Psychotherapeuten, in der Psychotherapeutin häufig heftige Gegenübertragungen aus; die Therapeuten der früheren Generationen haben sich dann oft damit beholfen, dass sie – wie hier schon beschrieben – sich versicherten: »Ich bin ja nicht wirklich gemeint«, oder aber sie haben ihre negative Gegenübertragung mithilfe einer Reaktionsbildung abgewehrt und ein freundliches Gesicht aufgesetzt.

Die Transference-Focused Psychotherapy (Übertragungsfokussierte Psychotherapie, TFP) (Doering, 2016; Yeomans, Clarkin u.

Kernberg, 2015) stellt die Arbeit mit intensiven Übertragungsprozessen ganz in das Zentrum ihrer Methodik. Sie wurde insbesondere für die Arbeit mit Patienten mit einem niedrigen Strukturniveau oder erheblichen Entwicklungsdefiziten entwickelt und hat sich insbesondere in der Behandlung von Borderline-Persönlichkeitsstörungen bewährt (Doering, 2016, S. 73 ff.; Stoffers et al., 2012).

Doering schildert mit einigen Beispielen, wie schwierig es sein kann, das Übertragungsangebot der Patienten anzunehmen und in sich wirken zu lassen. Das gilt sowohl für extrem aggressive Übertragungen wie »Sie sind ja wirklich das Allerletzte! Und Ihnen habe ich vertraut!« (2016, S. 55) wie auch für sehr verführerische Beziehungsangebote, etwa im Falle einer mehrfach sexuell missbrauchten Borderline-Patientin, die in einem »sehr kurzen und stark dekolletierten Sommerkleid« (S. 45) dem Therapeuten gegenübersaß. So sehr der Rahmen der psychodynamischen Situation dazu ermutigt, auch solche Phantasien zuzulassen, die im Alltag »aus dem Rahmen fallen« würden, und damit auch die Übertragung »entfesselt«, so wichtig ist es andererseits, den Rahmen stabil zu halten: Es kann (fast) alles gesagt werden, aber es wird nicht gehandelt. Deshalb sagte der Therapeut im Beispiel von der extrem aggressiven, vorwurfsvollen Patientin: »Bitte setzen Sie sich wieder hin und hören auf zu schreien. Andernfalls beende ich die Sitzung sofort« (S. 55).

TFP-Psychotherapeuten und -Psychotherapeutinnen bemühen sich sehr, die oft auch feindseligen Übertragungen zu akzeptieren, und thematisieren sie im Hinblick auf die inneren Konflikte der Patienten. Das ist ausdrücklich Arbeit *in* der Übertragung.

Es ist noch wenig darüber bekannt, wie häufig psychodynamische Psychotherapien abgebrochen werden, weil eine Krise unerkannt blieb oder nicht bewältigt wurde. Gumz et al. (im Druck) berichten, dass therapeutische Krisen oft erst dann bemerkt werden, wenn der Patient abbricht. Und selbst wenn Krisen erkannt werden, »besteht die zweite Schwierigkeit darin, sie konstruktiv zu besprechen« (Gumz et al., im Druck). Deswegen ist es sinnvoll, Psychotherapeuten in der Fähigkeit zu schulen, Krisen in der therapeutischen Beziehung wahrzunehmen und gemeinsam mit dem Patienten konstruktiv zu bearbeiten. Es sollte also heute nicht mehr genügen, im Krisenfalle drohende Abbrüche zu vermeiden, sondern im Pendeln zwischen »Rupture and Repair« (Safran et al., 2011; Staats, 2017) liegen vielleicht sogar die besonderen Chancen für positive Veränderungen.

Safran und Muran (2000) sowie Eubanks-Carter, Muran und Safran (2015) stellten das Allianz-Fokussierte Training (AFT) vor, ein empirisch fundiertes Modell für einen konstruktiven Umgang mit Krisen in therapeutischen Beziehungen. Vor dem Hintergrund einer relational-psychoanalytischen Orientierung definierten sie drei »Skills«, die einen Psychotherapeuten befähigen sollten, krisenhafte Beziehungssituationen zu bewältigen: die Fähigkeit zur Selbstwahrnehmung analog der gleichschwebenden Aufmerksamkeit in der analytischen Psychotherapie, die Fähigkeit, auch affektiv belastende Gegenübertragungen zu tolerieren, und die Fähigkeit, mit dem Patienten über das aktuelle Beziehungsgeschehen zu sprechen.

Eigentlich sollte man sich wünschen, dass ein gut ausgebildeter psychodynamischer Psychotherapeut, eine gut ausgebildete psychodynamische Psychotherapeutin über diese »Skills« verfügt. Ein so ernsthaftes und empirisch gut begründetes Konzept wie das Allianz-Fokussierte Training deutet aber durch seine bloße Existenz darauf hin, dass es vielerorts wohl (noch) an den nötigen Fähigkeiten mangelt. Insofern ist das AFT durchaus zu begrüßen.

Zum Abschluss dieses Kapitels über die Methoden der Übertragungsanalyse eine kleine Mahnung: War die Analyse der Übertragung in den ersten Jahrzehnten der psychoanalytischen Bewegung eher ein notwendiges Übel, wurde sie mit dem zunehmenden Verständnis der Psychoanalytiker für das interaktionelle Zusammenspiel in der therapeutischen Beziehung zum Königsweg der psychodynamischen Psychotherapie. Diese Entwicklung führte zu Übertreibungen derart, dass jede Äußerung des Patienten, jeder Traum und jede Kindheitserinnerung als Anspielung auf die Übertragung verstanden wurde. Diese Neigung, »alles« für Übertragung zu halten, wurde zu Recht von Bollas (2006) kritisiert, der sogar befürchtete, zu häufige

Übertragungsdeutungen könnten den unbewussten Dialog zwischen Patient und Analytiker eher stören, als ihn ans Licht zu heben.

Die Übertragung bildet aber nur einen von mehreren Kontexten, in dem wir unsere Dialoge interpretieren. Wenn wir zum Beispiel eine Traumerzählung hören, dann legen wir unterschiedliche Deutungskontexte an: die »Tagesreste«, die aktuellen Konflikte des Patienten oder der Patientin, biografisch bedeutsame Ereignisse, die gegenwärtige Übertragungssituation – oder alle diese Kontexte in einer Mischung.

Ein Patient erzählte: »Ich träumte von einem Vogel, der traurig in seinem Käfig saß. Die Käfigtür war offen.« Er assoziierte: »Dieser Vogel bin ich selber. Und der Käfig ist so eine Art Schuldturm, aus dem man niemals herauskommt.« Schuldig fühle er sich, weil er sich von seiner Frau getrennt und sie damit unglücklich gemacht habe. Allerdings begleite ihn das Gefühl, schuldig zu sein, schon seit seiner Kindheit. Seine Mutter sei psychisch sehr krank gewesen, sie musste mehrfach in einer psychiatrischen Klinik untergebracht werden, und er habe immer gedacht, dass er daran die Schuld trage, weil er ein so »unartiger« Junge gewesen war. Er wisse schon, dass ich meine, er solle sich von seinen Schuldgefühlen befreien, »aber so einfach, wie Sie sich das vielleicht vorstellen, ist es nicht«.

6 Was bleibt?

Das von Freud vorgegebene Ziel, die Übertragung des Patienten (und damit auch die Gegenübertragung des Psychotherapeuten) möge sich zum Ende der Analyse »auflösen«, scheint uns aus heutiger Sicht nicht erreichbar, nicht einmal wünschenswert zu sein (Grande, 2014). In dieser Auffassung steckte noch die Idee von der Übertragung als einer »falschen Verknüpfung«, als »Zwang und [...] Täuschung, die mit der Beendigung der Analyse zerfließe« (Freud, 1895, S. 310). Ziel der Therapie musste es dann folgerichtig sein, dass der Patient seine Übertragung »erkennen und zugunsten einer realitätsgerechten Wahrnehmung des Analytikers zurücknehmen« kann (Körner, 2015a, S. 49). Am Ende der Analyse, so war die Idee, sähe der Patient seinen Therapeuten dann so, wie er »wirklich« ist. Oder, wie es Greenson in seiner einflussreichen Monografie von 1967 (dt. 1973) beschreibt: Die Übertragungsbeziehung habe sich in eine Realbeziehung zu verwandeln.

Intensive Übertragungsbeziehungen lassen sich aber nicht »auflösen«, meinen auch Thomä und Kächele (2006). Der nicht seltene Versuch, die Intensität der Übertragung durch eine schrittweise Erniedrigung der Stundenfrequenz zum Verschwinden zu bringen, muss fehlgehen. Zumeist verbirgt sich in einem solchen »Übertragungs-Verdünnungsversuch« der Wunsch des Psychotherapeuten, die möglicherweise schmerzhafte Trennung zu vermeiden, und das ist wohl nichts anderes als ein Gegenübertragungswiderstand.

Wenn wir das hier vorgestellte Konzept von der *Übertragung als Verwendung* anwenden, dann verfolgen wir das Ziel, der Patient möge am Ende der psychodynamischen Psychotherapie seinen Therapeuten oder seine Therapeutin aus der Verwendung entlassen.

Der Patient also, der seinem Analytiker die Rolle eines strafenden Über-Ichs zuschreibt, gegen das er sich dann empört zur Wehr setzen kann, soll erkennen, dass er dieses überstrenge Gewissen selbst mit sich herumträgt und dass er zur eigenen Entlastung immer wieder versucht, es mehr oder weniger geeigneten Personen zuzuschreiben, um es dort zu bekämpfen. Wichtiger als diese Erkenntnis ist dann aber, dass er lernt, »gnädiger zu sich zu sein«, wie eine Patientin es formulierte, sodass er sich mit seinem Gewissen halbwegs »anfreunden« kann, es zu sich nimmt und nicht mehr externalisieren muss. Damit gewänne der Patient innere Unabhängigkeit und verlöre die Neigung, andere in der Übertragung zu verwenden, in der therapeutischen Situation und natürlich auch im Alltag.

Das Ziel, der Patient möge seinen Analytiker und auch seine aktuellen Bezugspersonen aus der Verwendung entlassen, ist nicht sehr schwer zu erreichen und gelingt oft auch im Rahmen niederfrequenter psychodynamischer Psychotherapie. Denn diese Umgestaltung findet großenteils im bewussten Erleben statt: Der Patient erkennt, wie er seine Beziehungspartner immer wieder zur Bewältigung seiner inneren Konflikte verwendet, und er lernt mithilfe des Therapeuten oder der Therapeutin, zunehmend darauf zu verzichten.

Sehr ähnlich verfährt auch die »Schematherapie« (Bender, 2017). Diese rechnet sich selbst zwar zu den kognitiv-verhaltenstherapeutischen Psychotherapieverfahren, aber in ihren Annahmen über die Wirksamkeit »maladaptiver Schemata« (z. B. »Unterwerfung« oder »emotionale Gehemmtheit«), die die Beziehungen des Patienten auf eine charakteristische, sich wiederholende Weise prägen, lehnt sie sich zweifellos an die psychoanalytischen Konzepte von der interaktionellen Wirksamkeit der Übertragung an.

Auch wenn der Patient seinen Therapeuten aus seiner Verwendung entlässt, bleibt er ihm doch verbunden. Patientinnen und Patienten berichten im Rückblick oft, dass sie nach der Therapie in einem inneren Zwiegespräch mit ihrem Therapeuten bleiben, um sich in Konfliktlagen zu orientieren. Technisch gesprochen, sind sie »mit der analytischen Funktion ihres Therapeuten identifiziert« (Clarkin, Yeomans u. Kernberg, 2001, S. 101). Sie haben seine Art, Konflikte zu durchdenken, und insbesondere seine Fähigkeit, vieldeutige Situationen unter wechselnden Vorannahmen zu interpretieren, übernommen und wenden sie nun selbst an.

Diese Identifikation mit der analytischen Funktion des Therapeuten tritt bei allen Varianten psychodynamischer Psychotherapie auf, auch bei der niederfrequenten tiefenpsychologischen Psychotherapie mit nur wenigen Sitzungen. In höherfrequenten analytischen Settings, in denen wir damit rechnen, dass die Patienten regressiv intensive, »entsublimierte« Übertragungen entfalten, gehen die Identifikationsprozesse allerdings sehr viel weiter. In diesen Fällen aktiviert der Patient intensive und oft auch drängende Phantasien und Wünsche, wie er sie in früher Kindheit an seine primären Bezugspersonen gerichtet und damals (nicht ganz freiwillig) sublimiert hatte.

Man könnte daher das Ziel der Arbeit mit intensiven, regressiven Übertragungen darin sehen, dass der Patient seine »entsublimierten« Beziehungsphantasien und -wünsche wieder sublimiert, analog dem Kind von damals, das auf sein vielleicht inzestuöses Begehren verzichtete zugunsten »unanstößiger« (Freud) Triebziele.

Wie wäre dieser Vorgang der Sublimierung zu beschreiben? Im Falle der Sublimierung im Kindesalter sprechen wir von »Neutralisierung« oder »Desexualisierung« (Hirschmüller, 2014). Später, nach der »Entfesselung[11] zur Zeit der Pubertät« (Freud, 1898, S. 511), ist es das Über-Ich, das die sozialen Werte verinnerlicht hat und so den Jugendlichen drängt, seine »anstößigen« Phantasien und Wünsche in sozial akzeptable zu verwandeln. Aber die Drohungen des Über-Ichs allein würden nicht genügen, um diese Sublimierungsleistungen zu erzwingen. Viel wirksamer ist es, dass das Über-Ich den Jugendlichen auch mit dauerhafter Selbstliebe belohnt, wenn es ihm gelingt, seine intensiven Wünsche an die Eltern in sublimere zu verwandeln.

---

11 Gemeint war die Entfesselung der sexuellen Triebkräfte.

Sublimierung geht regelmäßig diese Wege (Körner, 2013): So wiederholt jedes Kind die zivilisatorische Leistung, primitive orale Wünsche (»alles sofort für mich!«) in sozial angepasstes Essverhalten zu verwandeln. Strafandrohungen auch durch das eigene Über-Ich würden nicht genügen, eine derart sublimierte Oralität zu erreichen, wie etwa die, in einem Restaurant geduldig auf das Essen zu warten, hungrig die Tischdekoration zu genießen, hinzunehmen, dass der Tischnachbar die offenkundig größere Portion bekommt, »gesittet« mit Messer und Gabel umzugehen usw. Dabei liegt die größte Leistung noch nicht einmal darin, dass wir diese Verhaltensregeln gelernt haben und einhalten, sondern viel weitergehend: Wir genießen es! Offenbar sind wir mit uns selbst sehr zufrieden, wenn wir zwar hungrig, aber voller Vorfreude auf das Essen warten – sofern es nicht zu lange dauert.

Wie stellen wir uns nun in der psychodynamischen Psychotherapie den Vorgang der Sublimierung bei unseren Patientinnen und Patienten vor? Welchen Weg findet zum Beispiel ein Patient, um seine heftige Liebe zu seiner Therapeutin zu einem befriedigenden Beziehungserleben umzugestalten, und wie kann eine Patientin ihre Enttäuschung darüber verarbeiten, dass ihr Therapeut nicht immer für sie da ist? Hierzu ein Beispiel (nach Körner, 2013, S. 37):

Eine Patientin hatte sich in ihren Analytiker verliebt und idealisierte ihn ebenso wie ihren Vater, der sie schon im Kindesalter verlassen hatte. Der Analytiker ließ sich von ihren Gefühlen ansprechen, widerstand aber der Versuchung, ihre Nähewünsche zu erfüllen. Die Patientin geriet zunehmend in eine Enttäuschtheitsstimmung, machte ihrem Analytiker Vorwürfe, dass er ja »nicht einmal mit mir einen Kaffee trinken« gehe, und beklagte sich, dass sie auf ihren Gefühlen »sitzen gelassen« werde und dass sie nicht wisse, »wozu das gut sein soll«.

Der Analytiker ermunterte seine Patientin durchaus, ihren Phantasien nachzugehen. Sie schilderte ihre Gefühle und ihre Wünsche, und er antwortete ihr, dass er sich von ihren Worten sehr angesprochen fühle und ihre Gefühle »wie ein wertvolles Geschenk« annehme. Die Patientin fühlte sich bei allem Schmerz von ihrem Analytiker in ihrem

Begehren und ihrer Sehnsucht wenigstens anerkannt, und sie überwand in den darauffolgenden Wochen schrittweise ihre Enttäuschung. Sie verwandelte ihre erotischen Wünsche in das Verlangen, liebevoll gesehen und – auch als begehrenswerte Frau – anerkannt zu werden.

Analog können wir uns vorstellen, dass die Patientin, die so enttäuscht ist darüber, dass ihr Therapeut ihr nicht immer und ganz und gar zur Verfügung steht, diesen für eine Weile wie ein Übergangsobjekt behandelt. Und ähnlich, wie ein Kind sein Übergangsobjekt allmählich in die Welt der Realität verabschiedet, entlässt die Patientin ihren Therapeuten aus der dringlichen Verwendung, dass er »allein und ganz für mich« da sein möge. Und doch wird sie sich nicht verarmt fühlen.

Wie wird das möglich? Freud beschrieb (1923, S. 297) die Sublimierung als die »Umsetzung einer erotischen Objektwahl in eine Ichveränderung«. Vielleicht können wir diesen Hinweis so verstehen, dass sich in solchen Fällen der Patient mit dem libidinös hoch besetzten Psychotherapeuten identifiziert und dadurch sein Ich erweitert. Denn Identifikationen sind, wieder nach Freud (1933, S. 69), »Niederschläge aufgegebener Objektbesetzungen«.

Was nun könnte den Patienten ermutigen, die »libidinöse Besetzung« seines Therapeuten zugunsten einer »Ichveränderung« aufzugeben? Ist es die Erfahrung, dass ein streng abstinenter Analytiker die Beziehungswünsche seines Patienten unbeantwortet lässt und ihm zu verstehen gibt, wie unangemessen oder gar kindlich seine Phantasien doch sind? Gewiss nicht. Wie das zuletzt beschriebene Beispiel illustriert, soll die Patientin die Erfahrung machen, dass sie mit ihren Gefühlen »ankommt« und dass ihre Beziehungswünsche wohlwollend aufgenommen werden. Auch wenn der Therapeut die Wünsche seiner Patientin nicht erfüllt – im Beispiel ging der Analytiker mit seiner Patientin eben »keinen Kaffee trinken« –, weist er diese Gefühle und Wünsche doch nicht zurück, sondern erkennt sie an. Das heißt auch, dass er sie benennt und ihnen damit einen legitimen Platz zuweist.

Diese Haltung ist für Psychotherapeutinnen und -therapeuten sehr viel schwieriger zu balancieren als die Befolgung der älteren strikten und abweisenden Abstinenzregel. Trotzdem empfehlen die Autoren der modernen intersubjektivistischen Strömung in der Psychoanalyse (z. B. Altmeyer u. Thomä, 2006; Jaenicke, 2010; Thomä, 1981) dem psychodynamischen Psychotherapeuten eine größere Offenheit, eine sehr viel weitergehende »selektive Selbstenthüllung« (Ermann, 2014, S. 128), als dies noch vor zwanzig Jahren für sinnvoll gehalten wurde. Aber dann ist es im Einzelfall schwierig, zu entscheiden: Wie weit lässt sich der Therapeut ansprechen etwa von einer verliebten, vielleicht auch verführerischen Patientin? Welche Phantasien erlaubt er sich selbst und was von all dem gibt er preis? Und worauf zielt dieses »self disclosure«?

Eine Patientin sagte: »Ich stelle mir gerade vor, dass wir beide irgendwo an einem Strand liegen. Es ist eine sehr zärtliche Situation.« Der Analytiker antwortete: »Ich finde, das ist eine sehr schöne Vorstellung.« Es entstand in dieser Stunde eine liebevolle Atmosphäre, und keiner von beiden fühlte sich gedrängt, die Situation durch ein »Das sind ja bloß Phantasien« zu verharmlosen.

Wie können wir es ermöglichen, dass – im Beispiel von eben – die Patientin nicht enttäuscht zurückbleibt darüber, dass der Analytiker sie erst dazu ermuntert, Phantasien und Gefühle zu erforschen und zu äußern, aber dann doch auf Distanz bleibt? Sodass im Rückblick auf die therapeutische Beziehung ihre Enttäuschung darüber, dass ihr Wesentliches vorenthalten wurde, weniger schwer wiegt als die Gewissheit, darin etwas gewonnen zu haben?

Ich vermute, dass auch hierzu der Psychoanalytiker eine »Vorleistung« erbringen muss. Er ist es ja, der die Übertragung gefördert hat, und er ist verantwortlich, dass die Sublimierung der Übertragungsphantasien und -wünsche gelingt. Bei ihm beginnt die Umwandlung des Begehrens in liebevolle Anerkennung. Gelingt das, findet der erste Schritt einer Sublimierung im Psychotherapeuten statt; es ist seine Vorleistung.

Noch einmal die Parallele zu den Sublimierungsprozessen in der Kindheit. »Im Idealfall erfahren Töchter eine positive Körperlichkeit viel eher vom Vater als von der Mutter« (Seiffge-Krenke, 2017, S. 65). Aber das setzt voraus, dass die »Väter die Weiblichkeit ihrer Töchter stützen und markieren« (S. 65), das heißt benennen und anerkennen, aber ihr eigenes Begehren unzweideutig begrenzen.

Am Ende eines gelingenden psychodynamischen Prozesses kehrt der Patient gewiss nicht zurück zu seinen Beziehungsvorstellungen, unter denen er die Therapie begann. Die alte Idee von der »Auflösung« der Übertragung, die wie der Geist wieder in der Flasche verschwinden möge, erweist sich regelmäßig als Illusion. Vielmehr integriert die Patientin, der Patient die im therapeutischen Prozess lebendig gewordenen Beziehungsphantasien in ein neues, erweitertes Selbst- und Beziehungskonzept.

Ist das eine Art »Nachreifung«? Vielleicht ist es jener Integrationsprozess, den Michael Balint schon 1932 als »Neubeginn«, beschrieb. Gerade Patientinnen und Patienten mit einer »Grundstörung«, also mit erheblichen Entwicklungsdefiziten, brauchen, so meinte er, die Erfahrung eines empathischen Psychotherapeuten, mit dem sie es wagen können, »das Lieben wahrlich neu zu beginnen« (Balint, 1934/1966, S. 230). Das wäre dann gewiss ein glücklicher Ausgang.

Literatur

Alexander, F., French, T. (1946). Psychoanalytic therapy: Principles and application. New York: Ronald Press.
Altmeyer, M., Thomä, H. (Hrsg.) (2006). Die vernetzte Seele. Stuttgart: Klett Cotta.
Anonyma (1988). Verführung auf der Couch. Eine Niederschrift. Freiburg: Kore.
Augerolles, J. (1989). Mon analyste et moi. Paris: Lieu Commun. Dt.: Mein Analytiker und ich. Frankfurt a. M.: Fischer (1991).
Balint, M. (1932/1952). Charakteranalyse und Neubeginn. In: Die Urformen der Liebe und die Technik der Psychoanalyse (S. 187–202). Bern u. Stuttgart: Huber u. Klett.
Balint, M. (1934/1966). Das Endziel der psychoanalytischen Behandlung. In: Die Urformen der Liebe und die Technik der Psychoanalyse (S. 219–231). Bern u. Stuttgart: Huber u. Klett.
Balint, M. (1968). Therapeutische Aspekte der Regression. Die Theorie der Grundstörung. Reinbek: Rowohlt.
Bender, S. (2017). Einführung in die Schematherapie aus psychodynamischer Sicht. Göttingen: Vandenhoeck & Ruprecht.
Binswanger, L. (1956). Erinnerungen an Sigmund Freud. Bern: Francke.
Bollas, C. (2006). Übertragungsdeutung als ein Widerstand gegen die freie Assoziation. Psyche – Zeitschrift für Psychoanalyse und ihre Anwendungen, 60, 932–947.
Canestri, J. (2001). Feuerlärm: Überlegungen zur Übertragungsliebe. In E. Person (Hrsg.), Über Freuds Bemerkungen über die Übertragungsliebe (S. 183–204). Stuttgart: Fromann-Holzboog.
Carotenuto, A. (1986). Tagebuch einer heimlichen Symmetrie. Freiburg: Kore.
Clarkin, J. F., Yeomans, F. E., Kernberg, O. F. (2001). Psychotherapie der Borderline-Persönlichkeit. Stuttgart: Schattauer.
Cremerius, J. (1979). Gibt es zwei analytische Techniken? Psyche – Zeitschrift für Psychoanalyse und ihre Anwendungen, 33, 577–599.

Cremerius, J. (1986). Vorwort zu Aldo Carotenuto: Tagebuch einer heimlichen Symmetrie. Sabina Spielrein zwischen Jung und Freud. Freiburg: Kore.

Cremerius, J. (1987). Sabina Spielrein – ein frühes Opfer der psychoanalytischen Berufspolitik. Forum der Psychoanalyse, 2, 127–142.

Doering, S. (2016). Übertragungsfokussierte Psychotherapie (TFP). Göttingen: Vandenhoeck & Ruprecht.

Dreyer, K.-A. (2006). Niederfrequente Psychoanalyse. Psyche – Zeitschrift für Psychoanalyse und ihre Anwendungen, 60, 1077–1104.

Ermann, M. (1987). Behandlungskrisen und die Widerstände des Psychoanalytikers. Forum der Psychoanalyse, 3, 100–111.

Ermann, M. (2014). Der Andere in der Psychoanalyse. Die intersubjektive Wende. Stuttgart: Kohlhammer.

Eubanks-Carter, C., Muran, J. C., Safran J. D. (2015). Alliance focused training. Psychotherapy, 52, 169–173.

Fonagy, P. (2003). Bindungstheorie und Psychoanalyse. Stuttgart: Klett Cotta.

Freud, S. (1895). Studien über Hysterie. GW I (S. 75–312) (Zus. mit J. Breuer). Frankfurt a. M.: Fischer.

Freud, S. (1898). Die Sexualität in der Ätiologie der Neurosen. GW I (S. 491–516). Frankfurt a. M.: Fischer.

Freud, S. (1904). Die Freudsche Psychoanalytische Methode. GW V (S. 3–10). Frankfurt a. M.: Fischer.

Freud, S. (1907). Der Wahn und die Träume in W. Jensens »Gradiva«. GW VII (S. 29–125). Frankfurt a. M.: Fischer.

Freud, S. (1910). Die zukünftigen Chancen der psychoanalytischen Therapie. GW VIII (S. 105–115. Frankfurt a. M.: Fischer.

Freud, S. (1914). Zur Geschichte der psychoanalytischen Bewegung. GW X (S. 43–113). Frankfurt a. M.: Fischer.

Freud, S. (1915). Bemerkungen über die Übertragungsliebe. GW X (S. 306–321). Frankfurt a. M.: Fischer.

Freud, S. (1916/17). Vorlesungen zur Einführung in die Psychoanalyse. GW XI. Frankfurt a. M.: Fischer.

Freud, S. (1921). Psychoanalyse und Telepathie. GW XVII (S. 27–44). Frankfurt a. M.: Fischer.

Freud, S. (1923). Das Ich und das Es. GW XIII (S. 237–289). Frankfurt a. M.: Fischer.

Freud, S. (1933). Neue Folge der Vorlesungen zur Einführung in die Psychoanalyse. GW XV. Frankfurt a. M.: Fischer.

Freud, S. (1950/1962). Aus den Anfängen der Psychoanalyse, Briefe an Wilhelm Fließ, Abhandlungen und Notizen aus den Jahren 1887–1902. Frankfurt a. M.: Fischer.

Freud, S., Jung, C. G. (1974). Briefwechsel. Frankfurt a. M.: Fischer.
Gill, M. M. (1982). Analysis of transference. Bd. 1: Theory and technique. New York: International Universities Press.
Goffman, I. (1974). Rahmen-Analyse. Frankfurt a. M.: Suhrkamp.
Grande, T. (2014). Ziele der Psychoanalyse. In W. Mertens (Hrsg.), Handbuch psychoanalytischer Grundbegriffe (S. 1103–1108). Stuttgart: Kohlhammer.
Greenson, R. R. (1975). Technik und Praxis der Psychoanalyse. Stuttgart: Klett.
Gumz, A. (2012). Kritische Momente im Therapieprozess. Chance oder Sackgasse? Psychotherapeut, 57, 265–262.
Gumz, A. (im Druck). Psychodynamische Interventionstechniken. In A. Gumz, S. Hörz-Sagstetter (Hrsg.), Lehrbuch der Psychodynamischen Psychotherapie. Weinheim: Beltz.
Gumz, A., Rugenstein K, Munder T (im Druck). Das Allianz-Fokussierte Training: Ein schulenübergreifender Weg zum Umgang mit Krisen in der therapeutischen Beziehung. Psychotherapeut.
Heimann, P. (1950). On counter-transference. The International Journal of Psychoanalysis, 31, 81–84.
Herold, R., Weiß, H. (2014). Übertragung. In W. Mertens (Hrsg.), Handbuch psychoanalytischer Grundbegriffe (S. 1005–1020). Stuttgart: Kohlhammer.
Hirschmüller, A. (2014). Sublimierung. In W. Mertens (Hrsg.), Handbuch psychoanalytischer Grundbegriffe (S. 910–914). Stuttgart: Kohlhammer.
Jaenicke, C. (2010). Veränderungen in der Psychoanalyse. Stuttgart: Klett-Cotta.
Kernberg, O. (1994). Liebe im analytischen Setting. Psyche – Zeitschrift für Psychoanalyse und ihre Anwendungen, 48, 866–885.
Kerr, J. (2011). Eine gefährliche Methode. Freud, Jung und Sabina Spielrein. Reinbek: Rowohlt.
Kohut, H. (1977). Die Heilung des Selbst. Frankfurt a. M.: Suhrkamp.
König, K. (1982). Der interaktionelle Anteil der Übertragung in Einzelanalyse und analytischer Gruppenpsychotherapie. Gruppenpsychotherapie und Gruppendynamik, 17, 76–83.
König, K. (1993). Gegenübertragungsanalyse. Göttingen: Vandenhoeck & Ruprecht.
König, K. (1998). Übertragungsanalyse. Göttingen: Vandenhoeck & Ruprecht.
Körner, J. (1989a). Arbeit *an* der Übertragung? Arbeit *in* der Übertragung! Forum der Psychoanalyse, 5, 209–223.

Körner, J. (1989b). Kritik der »therapeutischen Ich-Spaltung«. Psyche – Zeitschrift für Psychoanalyse und ihre Anwendungen, 43, 385–396.
Körner, J. (1990). Übertragung und Gegenübertragung, eine Einheit im Widerspruch. Forum der Psychoanalyse, 6, 87–104.
Körner, J. (1995). Der Rahmen der psychoanalytischen Situation. Forum der Psychoanalyse, 11, 15–26.
Körner, J. (2013). Abwehr und Persönlichkeit. Stuttgart: Kohlhammer.
Körner, J. (2014). Arbeit »in« der Übertragung, fünfundzwanzig Jahre später. Forum der Psychoanalyse, 30, 341–356.
Körner, J. (2015a). Die Deutung in der Psychoanalyse. Stuttgart: Kohlhammer.
Körner, J. (2015b). Psychotherapeutische Kompetenzen. Ein Praxismodell zu Kompetenzprofilen in der Aus- und Weiterbildung. Wiesbaden: Springer.
Körner, J. (2016). Psychodynamische Interventionsmethoden. Göttingen: Vandenhoeck & Ruprecht.
Körner, J., Rosin, U. (1985). Das Problem der Abstinenz in der Psychoanalyse. Forum der Psychoanalyse, 1, 25–47.
Körner, J., Wysotzki, F. (2006). Die Rolle der Übergeneralisierung in der Neurosenbildung. Psychoanalytische und kybernetische Betrachtungen. Forum der Psychoanalyse, 22, 321–341.
Krutzenbichler, S. (2008). Sexueller Missbrauch als Thema der Psychoanalyse von Freud bis zur Gegenwart. In U. T. Egle, S. O. Hoffmann, P. Joraschky (Hrsg.), Sexueller Missbrauch, Misshandlung, Vernachlässigung. Erkennung und Therapie psychischer und psychosomatischer Folgen früher Traumatisierungen (S. 115–125). Stuttgart u. New York: Schattauer.
Krutzenbichler, S., Essers, H. (1991). Muß denn Liebe Sünde sein? Freiburg: Kore.
Krutzenbichler, S., Essers, H. (2008). Die Übertragungsliebe. Eine kritische Literaturschau 16 Jahre nach der Erstbetrachtung. Forum der Psychoanalyse, 23, 33–45.
Krutzenbichler, S., Essers, H. (2010). Übertragungsliebe. Psychoanalytische Erkundungen zu einem brisanten Phänomen. Gießen: Psychosozial-Verlag.
Loch, W. (1965). Übertragung – Gegenübertragung. Psyche – Zeitschrift für Psychoanalyse und ihre Anwendungen, 19, 1–23.
Masson, J. M. (1984). Was hat man dir, du armes Kind, getan? Sigmund Freuds Unterdrückung der Verführungstheorie. Reinbek: Rowohlt.
Mertens, W. (2009). Psychoanalytische Erkenntnishaltungen und Interventionen. Stuttgart: Kohlhammer.

Mertens, W. (2014) (Hrsg.). Handbuch psychoanalytischer Grundbegriffe. Stuttgart: Kohlhammer.

Muran, J.C. (2002). A relational approach to understanding change: Multiplicity and contextualism in a psychotherapy research program. Psychotherapy Research, 12, 113–138.

Nunberg, H., Federn, P. (Hrsg.) (1967). Protokolle der Wiener Psychoanalytischen Vereinigung, Bd. II. Frankfurt a. M.: Fischer.

Person, E. (1994). Erotische Übertragungen bei Frauen und Männern. Psyche 9/10, 783–807.

Pfannschmidt, H. (2008). Erotik, Erotisierung. In W. Mertens, B. Waldvogel (Hrsg.), Handbuch psychoanalytischer Grundbegriffe (3. Aufl., S. 172–176). Stuttgart: Kohlhammer.

Rangell, L. (1954). Similarities and differences between psychoanalytic dynamic psychotherapy. Journal of the American Psychoanalytic Association, 2, 30–45.

Roth, G. (2013). Neurobiologische Grundlagen von Psychotherapien und ihrer zeitlichen Dynamik. Vortrag auf der DGPT-Jahrestagung am 29.09.2013 in Berlin.

Safran, J. D., Muran, J. C. (1996). The resolution of ruptures in the therapeutic alliance. Journal of Consulting and Clinical Psychology, 64, 447–458

Safran, J. D., Muran, J. C. (2000). Negotiating the therapeutic alliance: A relational treatment guide. New York: Guilford Press.

Safran, J. D., Muran, J. C., Eubanks-Carter, C. (2011). Repairing alliance ruptures. Psychotherapy, 48, 80–87.

Sandler, J. (1976). Gegenübertragung und die Bereitschaft zur Rollenübernahme. Psyche – Zeitschrift für Psychoanalyse und ihre Anwendungen, 30, 297–305.

Schöpf, A. (2014). Philosophische Grundlagen der Psychoanalyse. Stuttgart: Kohlhammer.

Seiffge-Krenke, I. (2017). Der Vater, ein Mutter-Imitat. Spiegel-Gespräch. Der Spiegel, 27, S. 64–68.

Staats, H. (2017). Die therapeutische Beziehung – Spielarten und verwandte Konzepte. Göttingen: Vandenhoeck & Ruprecht.

Sterba, R. (1934). Das Schicksal des Ich im therapeutischen Verfahren. Internationale Zeitschrift für Psychoanalyse, 20, 66–73.

Stoffers, J. M., Völlm, B. A., Rücker, G., Timmer, A., Huband, N., Lieb, K. (2012). Psychological therapies for people with borderline personality disorder. Cochrane Database for Systematic Reviews, 8.

Thomä, H. (1981). Schriften zur Praxis der Psychoanalyse. Vom spiegelnden zum aktiven Psychoanalytiker. Frankfurt a. M.: Suhrkamp.

Thomä, H. (1984). Der »Neubeginn« Michael Balints (1932) aus heutiger Sicht. Psyche – Zeitschrift für Psychoanalyse und ihre Anwendungen, 38, 516–543.

Thomä, H., Kächele, H. (2006). Lehrbuch der Psychoanalytischen Therapie. Bd. 1: Grundlagen. Berlin u. Heidelberg: Springer.

Treurniet, N. (1996). Über eine Ethik der psychoanalytischen Technik. Psyche – Zeitschrift für Psychoanalyse und ihre Anwendungen, 50, 1–31.

Weiss, J. (1992). How psychotherapy works. Process and technique. New York: Guilford Press.

Willi, J. (1972). Die Zweierbeziehung, Analyse des unbewußten Zusammenspiels in Partnerwahl und Partnerkonflikt. Das Kollusionsmodell. Reinbek: Rowohlt.

Yeomans, E. F., Clarkin, J. F., Kernberg, O. F. (2015). Transference-Focused Psychotherapy for Borderline Personality Disorder. A clinical guide. Washington, D. C.: American Psychiatric Publishing. (Dt. 2016: Übertragungsfokussierte Psychotherapie für Borderline-Patienten. Stuttgart: Schattauer).